VEGAN KETO

Der einfache Einstieg in eine tierfreie Ernährung ohne Kohlenhydrate

Karina Haufe

13. Auflage 2016

Photographie: Rainer Haufe

Für die Menschen,

durch die ich das Kochen lieben lernte.

VORWORT

Die Idee zu diesem Buch entstand im Jahr 2014. Immer öfter fragten mich Personen in meinem Bekannten- und Freundeskreis, aber auch Kollegen, Geschäftspartner und Klienten: "Ich bin vegan, würde mich aber gern ketogen ernähren - wie kann ich das machen, ist es überhaupt möglich und was kann ich denn dann überhaupt noch essen?" Viele meiner Freunde sind schon längere Zeit vegan und mein privates soziales Umfeld ist geprägt von Menschen, denen ein nachhaltiger Umgang mit den Ressourcen unserer Erde wichtig ist. Der aktuelle vegane Boom wirkte sich innerhalb dieses Bekanntenkreises nur geringfügig aus. Im beruflichen Umfeld jedoch konnte ich eine zunehmende Hinwendung zum und wachsendes Interesse am veganen Lebensstil feststellen. Hinzu kam ein steigendes Bewusstsein für nachhaltigen Umgang mit Lebensmitteln. Themen wie Lebensmittelverschwendung, Ressourcenerhalt etc. sind präsenter denn je.

Eine wachsende Zahl von Menschen entdeckt - und das nicht erst seit heute - ihr Interesse an alternativen Ernährungsformen, wie beispielsweise sogenannten LCHF (low carb high fat)-Ernährungsweisen und wendet sich von der alten Sichtweise, in der Fett unser Feind ist, ab.

Ich selbst ernähre mich seit längerer Zeit ketogen, nachdem ich viele Jahre eine überwiegend kohlenhydratarme ("low carb") Ernährung bevorzugt habe. Die öffentliche Hinwendung zum Veganismus, das wachsende Interesse an LCHF-Ernährungsweisen und nicht zuletzt auch mein eigener Wunsch, meine Mitmenschen zum Überdenken ihrer Lebensweise, ihrer Ernährungsmuster und ihres Umgangs mit Ressourcen zu motivieren, haben mich dazu bewegt, dieses Buch zu schreiben. Dies war zunächst Anlass für eine neue persönliche Herausforderung, meine persönliche Vegan Keto-Challenge.

Entstanden ist ein Ratgeber, der Ihnen einen Einstieg in die vegane ketogene Ernährung aufzeigen soll und gleichzeitig eine Sammlung nützlicher Rezepte liefert.

Der Großteil der bundesdeutschen Durchschnittsbürger, Lifestyle-Magazine, Frauenzeitschriften und auch jede Menge Ärzte „wissen“, dass das menschliche Gehirn auf Zucker angewiesen ist und ohne ihn nicht überleben, geschweige denn denken oder arbeiten kann. Müsli und Smoothie, evtl. noch eine Scheibe Vollkornbrot zum Frühstück – das ist die gängige Empfehlung. Dieses Buch soll Ihnen zeigen, dass es auch anders – und zwar grundsätzlich anders – geht, und dass anders in diesem Fall für die Mehrheit von uns wesentlich vorteilhafter ist. Nach der Lektüre dieses Buches verfügen Sie über ausreichend Wissen, um selbst zu entscheiden, ob eine ketogene bzw. vegan ketogene Ernährung für Sie in Frage kommt. Sie können einschätzen, welche Vorteile diese mit sich bringt und warum eine Ernährungsumstellung sinnvoll ist. Ebenso werden Sie in der Lage sein, realistisch zu beurteilen, ob Sie möglicherweise zu den Menschen gehören, für die eine ketogene Ernährungsweise grundsätzlich aufgrund bestimmter Vorerkrankungen oder Risikofaktoren nicht in Frage kommt.

INHALT

VEGAN KETO-CHALLENGE

Zielsetzung dieser Herausforderung war es, zunächst einen Monat lang vegan ketogen zu leben, um zu prüfen, ob dies realisierbar, alltagstauglich und tatsächlich umsetzbar ist. Ich habe die Ergebnisse meines Selbstversuchs hier zusammengefasst und möchte sie in Form dieses Ratgebers, der sowohl eine Einführung in die vegane ketogene Ernährungsweise als auch ein Kochbuch ist, präsentieren. Meine Hoffnung ist, dass ich dadurch zahlreiche Fragen zu diesem Thema beantworten und Aufklärungsarbeit im Dschungel der verschiedensten Ernährungsweisen leisten kann.

Das Buch bietet des Weiteren einen Überblick über die beiden grundlegenden Pfeiler der vegan ketogenen Ernährung: die ketogene Ernährungsweise und den veganen Lebensstil als solche. Erst durch umfangreiches Verständnis beider Ansätze, sowohl der weltanschaulichen Ausrichtung einer veganen Ernährung, als auch der vielschichtigen Motive hinter einer ketogenen Ernährungsweise, ermöglichen es, die Chancen und Anwendungsbereiche, ebenso wie Risiken und Kontraindikationen einer vegan ketogenen Ernährung zu erfassen.

KETOGENE ERNÄHRUNG

Obwohl die ketogene Diät bereits seit mehr als 100 Jahren therapeutisch eingesetzt wird, wissen nur die wenigsten, was darunter zu verstehen ist. Namensgebend sind die sogenannten Ketonkörper, die in der menschlichen Leber gebildet werden, wenn wir unseren Körper zwingen, sich von der Kohlenhydratverbrennung auf Fettverbrennung umzustellen.

Grundprinzipien

Bei der ketogenen Ernährung handelt es sich um eine stark kohlenhydratreduzierte, protein- und energiebilanzierte und deshalb fettreiche Diät. Der Energiebedarf des Körpers wird dabei aus Fett- und Ketonkörpern gedeckt, statt aus Fett und Glukose. Ketonkörper sind ein aus Fett aufgebauter Glukoseersatz. Wissenschaftlern zufolge handelt es sich bei den Ketonkörpern nicht nur um einen Ersatzbrennstoff, sondern um einen Super-Brennstoff, da unser Körper Ketonkörper sogar besser und rückstandsfreier verbrennen kann als Glukose. Wenn der Mensch also, wie beispielsweise auch unsere Vorfahren immer wieder, ketogen isst, also auf Mehl und Zucker (im weitesten Sinne) verzichtet, wenn sein Körper also nicht Zucker, sondern Fett verbrennt, dann werden Ketonkörper gebildet. Und mit diesen wird nicht nur unser Körper, sondern auch unser Gehirn bestens versorgt.

Das durch Medien, Ärzte etc. verbreitete Schreckensbild von gesättigten Fettsäuren und Cholesterin, welches sich seit vielen Jahrzehnten hartnäckig hält, ist nicht gerechtfertigt, wie Sie in den folgenden Ausflügen in den Bereich der Bio-Chemie erfahren werden.

In unserer Gesellschaft ist Nahrungsfett mit einem negativen Image behaftet. Dieses beruht auf erhöhtem Risiko für Krankheiten verursacht durch hochkalorische, fett- und kohlenhydratreiche Fehlernährung. Bei einer fettreichen, kohlenhydrat-limitierten Ernährung bleibt jedoch der Blutzucker weitestgehend konstant, ohne extrem in die Höhe zu schießen oder stark abzufallen. Außerdem bleibt somit auch die Menge an benötigtem Insulin gleichsam niedrig.

Stoffwechselzustand Ketose – eine biochemische Einführung

Als Ketose bezeichnet man einen Stoffwechselzustand, bei dem es zu einem Anstieg von Ketonkörpern im Blut über die Normwerte kommt. Ketonkörper sind drei chemische Verbindungen: Acetoacetat, 3-Hydroxybutyrat und Aceton. Ketonkörper wurden erstmals schon vor über 100 Jahren im Urin und Blut von Diabetikern entdeckt. Mittlerweile weiß man, dass sie auch unter physiologischen Bedingungen, also auch bei gesunden Menschen gebildet werden. Die Ketogenese, die Bildung von Ketonkörpern, findet beim verstärkten Fettsäureabbau nur in den Mitochondrien der Leber aus Acetyl-CoA statt. Acetyl-CoA entsteht bei der Beta-Oxidation, dem schrittweisen Abbau von Fettsäuren durch Enzyme. Bei einer verminderten Kohlenhydratverwertung oder gesteigertem Fettstoffwechsel kommt es zu einer verstärkten Ketogenese.

Kohlenhydrate wirken antiketogen bzw. ketolytisch, das heißt, bei einer normalen Kohlenhydratverwertung findet nur eine extrem geringe Ketogenese statt und der Zustand der Ketose wird unterbrochen.

Zur Verwertung der Ketonkörper müssen sich Gehirn und Muskeln aber zunächst umstellen und es sind Enzyme zur Rückwandlung von Ketonkörpern in Acetyl-CoA notwendig. Das bei der Verstoffwechselung von Ketonkörpern gewonnene Acetyl-CoA fließt in den Citratzyklus ein, wo daraus durch Oxidation Energie gewonnen wird. Die Gewebe außerhalb von Herz, Niere und quergestreifte Muskulatur können ihren Energiebedarf durch Ketone decken. Auch das Zentralnervensystem, welches keine Fettsäuren verwerten kann, ist in der Lage Ketone als Energiequelle zu nutzen, ebenso wie unser Gehirn. Voraussetzung ist die ausreichend hohe Konzentration der Ketonkörper im Blut. Die Leber selbst kann keine Ketone verwerten.

Die Umstellungsphase, bis sich der Körper daran gewöhnt hat, seinen Energiebedarf aus Fetten und Ketonkörpern zu decken, dauert bis zu sieben Tage. Der Organismus kann also lernen, Ketonkörper als primäre Energiequelle zu nutzen.

Während sich der Körper auf den Stoffwechselzustand der Ketose umstellt, kann es zur sogenannten keto flu, der Keto-Grippe kommen. Charakteristisch sind kurzfristige Symptome wie z.B. Kopfschmerzen, Müdigkeit, Schwäche usw.

Diese sind jedoch meist von kurzer Dauer und nach wenigen Tagen überstanden. In dieser Zeit sollte insbesondere auf eine ausreichende Flüssigkeitszufuhr in Form von Wasser, Zitronenwasser o. ä. geachtet werden. Besonders am Anfang verliert der Körper jede Menge Flüssigkeit, was auch den schnellen initialen Gewichtsverlust erklärt. Auch Elektrolyte werden ausgespült. Ausnahmsweise gesalzene Nahrung sowie ein extra Löffel Fett, zum Beispiel in Form von Kokosöl kann in diesen ersten Tagen Abhilfe schaffen und die Ketogenese ankurbeln.

Im Vergleich dazu – Glukosestoffwechsel

Die Verwertung von Kohlenhydraten zur Energiegewinnung nennt man Glykolyse. Läuft die Glykolyse mit Sauerstoff ab (aerob), wird aus Pyruvat, dem Endprodukt der Glykolyse, Acetyl-CoA gebildet. Unter anaeroben Bedingungen (ohne Sauerstoff) entsteht Laktat (Milchsäure). Milchsäure ist insbesondere für das Wachstum von Krebszellen von Bedeutung und somit ein Abfallprodukt des Kohlenhydratstoffwechsels, welches wir möglichst nicht in großer Menge in unserem Körper, genauer gesagt im Extrazellulärraum haben wollen. Es lässt sich also festhalten, dass Ketone rückstandsloser und ohne ein belastendes Endprodukt verstoffwechselt werden.

Sobald wir über unsere Nahrung Zucker aufnehmen, sollte dieser als Glukose in die Zellen aufgenommen werden, damit er zur Energiegewinnung zur Verfügung steht. Hierfür ist das Hormon Insulin notwendig. Insulin wird in der Bauchspeicheldrüse gebildet.

Je mehr Zucker wir essen, umso mehr Insulin muss bereitgestellt werden. Wenn wir nun immer mehr und mehr Zucker essen, wird immer mehr und mehr Insulin produziert und bereitgestellt. Auch wenn wir bereits eine Insulinresistenz haben, produziert die Bauchspeicheldrüse immer mehr und mehr Insulin, um diese Resistenz auszugleichen. Insulinresistenz bedeutet, dass, wenn das Insulin als Türöffner an die Tür der Zelle klopft, damit die Zelle den Zucker hineinlässt, die Zelle schlicht taub ist und die Tür nicht öffnet. Somit kann trotz des Insulins der Zucker nicht in die Zelle und verbleibt im Extrazellulärraum und stellt sich für uns als erhöhter Blutzucker dar. Somit kann also der Blutzucker erhöht sein, obwohl ausreichend Insulin vorhanden wäre.

Es ergeben sich drei negative Konsequenzen:

- Wir haben jede Menge Glukose im Blut (Blutzucker), da sie nicht in die Zellen hinein kann - diese wird schließlich in der Leber in Fett umgebaut und in den Fettzellen abgelagert. Gewichtszunahme, Fettleber etc. sind die Folgen.

- In unserem Körper schwirrt jede Menge des Hormons Insulin umher.

- Bei Insulinresistenz "verhungern" unsere Zellen, da die Glukose nicht als Energielieferant in die Zellen hineingelangen kann.

Blutfette

Cholesterin

Weithin besteht die Annahme bzw. Angst, dass sich durch einen erhöhten Fettverzehr die Cholesterinwerte verschlechtern könnten. Wenn wir von Cholesterinwerten sprechen, meinen wir zunächst einmal den Wert des Gesamtcholesterins in der Blutanalyse. Dieser stellt die Summe der Werte des HDL-Cholesterins, LDL-Cholesterins und VLDL-Cholesterins dar. Die Angabe dieser Werte erfolgt in mg/dl. Hierbei gibt es folgende Richtwerte:

Gesamtcholesterin:
< 190 mg/dl (Diabetiker < 180 mg/dl)
HDL: > 40 mg/dl
LDL: < 115 mg/dl

Der Gesamtcholesterinwert ist als einzig betrachteter Wert nicht aussagekräftig. Wichtig ist, die Einzelbestandteile in ihrem Verhältnis zu betrachten.

Der LDL/HDL-Quotient sollte <3 sein. Durch eine vermehrte Kohlenhydratzufuhr und verminderte Fettzufuhr kommt es zu einem ungünstigen Anstieg dieses Quotienten.

HDL hat laut aktuellen wissenschaftlichen Kenntnissen eine günstige Wirkung auf koronare Herzkrankheit (KHK) und Arteriosklerose. Im Gegensatz dazu sei LDL-Cholesterin für die Entstehung dieser Krankheiten zuständig. Zahlreiche Studien weisen aber bereits darauf hin, dass eine fettreiche, kohlenhydratarme Ernährung die Cholesterinwerte im Blut eher positiv beeinflusst, d.h., dass sich das Blutfettprofil verbessert, also die HDL-Cholesterinwerte sich erhöhen und die LDL-Cholesterinwerte sinken.

Dies zeigt, dass sich bei einem gleichzeitig hohen Verzehr von Fett und Kohlenhydraten das Fettprofil verschlechtert. Hierbei würde der HDL-Cholesterinwert sinken.

Gesättigte Fettsäuren heben im Vergleich zu einer kohlenhydratreichen Ernährung das HDL-Cholesterin. Mehrfach ungesättigte Fettsäuren, wie Omega-6-Fettsäuren und Omega-3-Fettsäuren in hohen Dosen führen zu einem Abfall des HDL-Cholesterins. Transfettsäuren senken das HDL-Cholesterin.

Sollte unter ketogener Ernährung der Gesamtcholesterinwert ansteigen, so ist es meistens der Fall, dass hierbei der positive HDL-Cholesterinwert ebenfalls stark ansteigt. Es ist somit sinnvoll, die Blutfettwerte regelmäßig, insbesondere vor Beginn einer Ernährungsumstellung kontrollieren zu lassen.

Triglyceride

Die Ergebnisse der bisherigen Studien zur Untersuchung der Auswirkung einer ketogenen Ernährung auf die Blutfettwerte sind sehr unterschiedlich. Teilweise konnte eine Erhöhung des Gesamtcholesterins und auch des LDL-Cholesterins sowie der Triglyceride beobachtet werden. In anderen Studien zeigte sich keine Erhöhung des Cholesterins. Entscheidend auf unseren Fettstoffwechsel wirkt sich die Zusammensetzung der Nahrungsfette aus. In neueren Studien konnte gezeigt werden, dass bei gesunden Erwachsenen eine Ernährung mit einem hohen Anteil an einfach ungesättigten Fettsäuren sowie einem niedrigen Anteil an gesättigten Fettsäuren und zusätzlich einer Supplementierung von Omega-3-Fettsäuren, sowie einer Kohlenhydratzufuhr von 5-10 % der Gesamtenergie eine starke Reduzierung des Triglyceridspiegels (- 55 %) zur Folge hatte.

Der aktuelle Richtwert für Triglyceride beträgt max. 200 mg/dl.

Therapeutische ketogenen Diät vs. ketogene Ernährung im Alltag

Grundsätzlich kann man zwischen einer medizinisch indizierten bzw. therapiebegleitenden ketogenen Diät und einer etwas „milderen“ Form der ketogenen Ernährung für den Alltagsgebrauch unterscheiden.

Eine medizinisch indizierte ketogene Diät wird als Therapieverfahren vor allem bei Kindern mit pharmakoresistenter Epilepsie, Glukosetransport-störung und Pyruvatdehydrogenasemangel eingesetzt. Wichtig ist dabei die individuelle Berechnung und ärztliche Überwachung. Hierbei wird die klassische ketogene Diät eingesetzt. Im Gegensatz dazu wird in der Onkologie therapiebegleitend eine ketogene Diät mit höherem Kalorien- und Proteinanteil verwendet, die dadurch besser an die Erfordernisse von Krebspatienten angepasst ist.

Zu den nicht medizinisch indizierten Formen der ketogenen Diät gehören beispielsweise Low-Carb-High-Fat-Diäten wie die Atkins-Diät. Nach einer sehr strengen Anfangsphase kann durch schrittweise Erhöhung der Kohlenhydratzufuhr und langsame Erweiterung der Menge an geeigneten kohlenhydrathaltigen Lebensmitteln sogar von einer für die dauerhafte Ernährung geeigneten Diät gesprochen werden.

Motive für eine ketogene Ernährung

Wer sich für eine ketogene Ernährung entscheidet, nimmt nur ein Minimum an Kohlenhydraten zu sich und verzichtet dabei vollständig auf handelsüblichen raffinierten Zucker. Die Energie wird nicht mehr aus Kohlenhydraten und Fett gewonnen, sondern aus Fett und Ketonen. Motive, sich für diese Lebensweise zu entscheiden, sind z.B. mangelnde Therapiemöglichkeiten bzw. erfolglose Therapieversuche seitens Schul- oder Alternativmedizin für Erkrankungen wie Krebs, Epilepsie, Autismus, Alzheimer usw. Motive finden sich aber auch im wachsenden Verständnis für komplexe Stoffwechselvorgänge und im daraus resultierenden Wunsch, durch entsprechende Ernährungsumstellung langfristig zur eigenen Gesunderhaltung beizutragen.

Auch im Kraftsport finden sich zahlreiche Anhänger einer modifizierten ketogenen Diät, nämlich der anabolen Diät. Hierbei ernährt man sich 5-6 Tage pro Woche ketogen mit einem für den Muskelaufbau optimierten Proteinanteil. 1-2 Tage pro Woche sind die sogenannten Ladetage, an denen Kohlenhydrate gegessen werden dürfen, und zwar mehr als nur die bei einer ketogenen Ernährung üblichen 20 – 30 g am Tag. Aus Sicht einer überzeugten Vertreterin der ketogenen Ernährung macht dies auf Dauer wenig Sinn, da die Ketose, die das Ziel der ketogenen Ernährung ist, ständig wieder unterbrochen wird. Für Kraftsportler jedoch ist möglicherweise die Ketose nicht das Hauptziel und somit eine modifizierte ketogene Ernährung, wie wir sie in der anabolen Diät finden, zur Unterstützung des Fettab- und Muskelaufbaus sehr wirkungsvoll.

Ein weiteres Motiv, vor allem für Nicht-Bodybuilder, ist die Aussicht auf eine zügige Gewichtsabnahme. Hier muss jedoch darauf hingewiesen werden, dass das verlorene Gewicht auch sehr schnell „zurückgewonnen“ wird, wenn man abrupt in das alte Ernährungsverhalten zurückfällt. Wichtig ist, die kritische Kohlenhydratschwelle zu kennen und diese nicht zu überschreiten, um das Gewicht dauerhaft zu halten.

Vorteile einer ketogenen Ernährung

Wenn wir auf eine stark kohlehydratlimitierte Ernährung umstellen, nehmen wir wesentlich weniger Zucker zu uns und es muss wesentlich weniger Insulin bereitgestellt werden. Da die Energiegewinnung über Fette und Ketone sichergestellt ist und unser Gehirn weiterhin mit Kohlehydraten versorgt ist, da in der Leber Proteine in Kohlehydrate umgewandelt werden, benötigen wir überhaupt keinen zusätzlichen Zucker über die Nahrung.

Vorteil ist, dass wir kaum Fett einlagern, weniger Zucker im Blut haben (und dadurch weniger Entzündungsprozesse) und dass wir weniger Insulin produzieren. Wichtig in diesem Zusammenhang ist noch zu wissen, dass Insulin ein Wachstumsfaktor ist, der sich generell fördernd auf das Zellwachstum auswirkt. Dies ist insbesondere beim Tumorwachstum von Bedeutung. Insulin ist auch ein Aktivator, der die zellaufbauende Wirkung von Steroiden und dem Wachstumshormon erhöht.

Außerdem fungiert Insulin als Entzündungsmediator, erhöht und fördert somit Entzündungsprozesse in unserem Körper.

Weitere Vorteile der ketogenen Ernährung

- Mit Hilfe der ketogenen Ernährung ist insbesondere in der Initialphase eine schnelle Gewichtsreduzierung möglich.
- Die Energieversorgung erfolgt über körpereigenes Fett und Ketonkörper.
- Der Blutzuckerspiegel sinkt, da kein Einfachzucker mehr vorhanden ist und bleibt weitestgehend stabil.
- Weniger Insulin wird benötigt.
- Ketogene Ernährung führt zu einem bewussteren Umgang mit sich selbst und der eigenen Ernährung.
- Fressattacken bleiben aus und durch den erhöhten Proteinanteil entsteht ein stärkeres Sättigungsgefühl.
- Ketogene Ernährung ist eine alternative Therapiemöglichkeit bei zahlreichen Erkrankungen wie z.B. Epilepsie.

- Es gibt bereits erste positive Effekte als begleitende Therapie bei Krebs, Alzheimer, Diabetes, MS.
- Während einer ketogenen Ernährung ist ein höherer Energielevel, gesteigerte Konzentration und besserer Schlaf zu verzeichnen.

Mögliche Risiken, Nebenwirkungen, Kontraindikationen

Bevor Sie eine strenge ketogene Ernährung beginnen, sollten Sie mit Ihrem Arzt eventuelle Kontraindikationen abklären und ausschließen. Hierzu gehören einige Stoffwechselstörungen und Nierenerkrankungen. Bei folgenden Nierenerkrankungen ist eine ketogene Ernährung kontraindiziert, d.h. nicht empfehlenswert:

- Chronische Niereninsuffizienz
- Diabetische Nephropathie
- Nephrotisches Syndrom
- Harnsteine, Harngries
- Andere Nierenerkrankungen

Patienten mit anderen Nierenerkrankungen sollten in jedem Fall vor einer ketogenen Ernährung ihren Nephrologen hinsichtlich der maximal vertretbaren Proteinmenge befragen.

Eine ketogene Kost ist also u. U. möglich, muss jedoch proteinärmer, fettreicher und individuell angepasst sein.

Des Weiteren gibt es einige Stoffwechselstörungen, bei denen eine ketogene Ernährung nicht zu empfehlen ist. Auch für Personen mit bestimmten Überempfindlichkeiten oder Unverträglichkeiten bezüglich einiger Eiweiße kann eine angepasste ketogene Ernährung empfohlen werden.

Weitere Kontraindikationen

- Hyperurikämie und Gicht
- Fettsäureoxidationsstörungen in den Mitochondrien
- Ketogenese- oder Ketolysedefekte
- Gluconeogenesedefekte
- Hyperinsulinismus
- Enzymdefekte in der Bereitstellung von Fettsäuren
- Enzymdefekte in den Mitochondrien (Zellkraftwerken)
- Enzymdefekte bei Zuckerneubildung in der Leber
- Störungen der Bauchspeicheldrüse
- Störungen der Cholesterinverwertung
- Erkrankungen der Gallenblase / Cholezystektomie

- Ggfs. Histaminintoleranz
- Diabetes mellitus

Wenn Sie durch Ihre Zuckerkrankheit und erhöhten Blutzucker darauf angewiesen sind, regelmäßig Insulin einzunehmen, kann eine ketogene Ernährung bzw. eine Low Carb-Ernährung dazu führen, dass Sie weniger Medikamente bzw. weniger Insulin einnehmen müssen. Wichtig ist jedoch, dass Sie besonders zu Beginn der ketogenen Ernährung Ihren Blutzucker regelmäßig und oft kontrollieren, um eine gefährliche Unterzuckerung zu verhindern.

Mögliche Nebenwirkungen/Nachteile

Bisher konnte ich weder bei mir selbst noch bei Klienten, denen ich eine Umstellung auf ketogene Ernährung empfohlen habe, diese Nebenwirkungen feststellen. Allerdings kam es in einigen Fällen zur bereits beschriebenen Keto-Grippe, die aber nach wenigen Tagen verschwand.

Folgende Nebenwirkungen werden jedoch häufig in der Literatur genannt:

- Verstopfung
- Appetitverlust
- Übelkeit
- Dehydratation
- Hypoglykämie (Unterzucker)
- Hyperlipidämie (erhöhte Blutfettwerte)
- Mangelzustände: Eiweissmangel, Zinkmangel, Selenmangel, Thiaminmangel, Carnitinmangel

- Störungen im Kalzium-Phosphat- und Knochenstoffwechsel
- Wachstumsstörungen bei Kindern
- Pankreatitis
- Kardiale Nebenwirkungen
- Störungen des Gerinnungssystems und hämatologische Nebenwirkungen
- Medikamenteninteraktion

Auch wenn eine ketogene Ernährung für Sie nicht in Frage kommt, haben Sie die Möglichkeit auf eine Low Carb-Ernährung mit weniger stark reduziertem Kohlehydratanteil, wie z.B. die Logi-Methode, auszuweichen.

VEGANE ERNÄHRUNG

Unter Veganismus versteht man eine Form der vegetarischen Ernährung, bei der alle Tierprodukte vermieden werden sowie ein Lebensweise, bei der der Konsum aller Tierprodukte abgelehnt wird. Neben der Ernährung betrifft dies z.B. auch Kleidung und andere Gebrauchsgegenstände aus Haut und anderen Tierprodukten (Seide, Perlen, Tierwolle usw.).

Grundprinzipien

Im Folgenden seien nur einige wenige Dinge genannt, auf die Veganer verzichten und die Nicht-Veganer nicht zwangsläufig auf den ersten Blick mit Tieren in Verbindung bringen: Aromen aus Rinderfett, Zoobesuche, Haustierhaltung, Zirkusbesuche, Seidenprodukte, Kosmetika und Shampoos (auch nerzölfreie), Honigbackfermentbrot, gelatinegeklärter Essig, Honig, Lederprodukte usw.

Kritische Nährstoffe

Kritische Nährstoffe sind die Nährstoffe, die zum einen eine besonders hohe Wichtigkeit für uns haben, bei denen es zum anderen aber für eine bestimmte Personengruppe, in diesem Fall Veganer, schwierig ist, die Zufuhrempfehlungen der DGE zu erreichen, um den Bedarf zu decken.

Die DGE (Deutsche Gesellschaft für Ernährung) ist ein gemeinnütziger Verein zur Förderung, Auswertung und Publikation ernährungswissenschaftlicher Forschung sowie Ernährungsberatung und -aufklärung. Die DGE liefert uns Zufuhrempfehlungen sowohl für Makronährstoffe als auch für Mikronährstoffe.

Obwohl wir bei einer ketogenen Ernährung bzw. Low Carb-Ernährung weit von den Empfehlungen der DGE hinsichtlich der Verteilung der Makronährstoffe (Fette, Eiweiße und Kohlenhydrate) abweichen, ist es dennoch sinnvoll, sich an den Zufuhrempfehlungen für Mikronährstoffe (Vitamine, Spurenelemente, Mineralien, Probiotika, Sekundäre Pflanzenstoffe, Aminosäuren...) zu orientieren.

Von verschiedenen Ernährungswissenschaftlern wird Kritik hinsichtlich Kompetenz und Glaubwürdigkeit der DGE geäußert. Dies soll hier jedoch nicht Gegenstand sein. Für Veganer - ob ketogen oder nicht - sind die Nährstoff-empfehlungen für Mikronährstoffe in jedem Fall sinnvolle Richtwerte um sich zu orientieren.

Vitamin B12

Es gibt zahlreiche Diskussionen über die Möglichkeit, Vitamin B12 aus pflanzlichen Quellen zu erhalten. Fakt ist, dass Vitamin B12 für Veganer ein kritischer Nährstoff ist, d.h. es ist für Veganer verhältnismäßig schwierig, genügend Vitamin B12 aus der Nahrung zu erhalten. Gleichzeitig ist Vitamin B12 aber ein besonders wichtiger Nährstoff. Ein Mangel kann zu einer Vitamin-B12-Mangel-Anämie oder zu Neuropathien führen, die ernste Schäden an Nerven und Verdauungssystem mit sich bringen können. Es stimmt nicht, dass Vitamin B12 in fermentierten Sojaprodukten vorkommt. Was allerdings richtig ist, ist, dass Vitamin B12 in wild-fermentierten Produkten, wie z.B. selbsthergestelltem Sauerkraut vorkommt. Auch die Süßwasseralge Chlorella liefert Vitamin B12. In Pflanzen gibt es ansonsten hauptsächlich nur Vitamin B12-Analoge. Sie sind dem tierischen Vitamin B12 zwar ähnlich, verfügen jedoch über eine geringere Bioverfügbarkeit. Es ist daher ratsam, als Veganer Vitamin B12 zu substituieren.

Unser Körper kann im Dickdarm selbst Vitamin B12 herstellen, jedoch kann es dort nicht aufgenommen werden, da Vitamin B12 über den Dünndarm aufgenommen wird. Das im Dickdarm gebildete Vitamin B12 verlässt den Körper ungenutzt.

Zufuhrempfehlung Erwachsener lt. DGE: 3 µg/Tag

Vitamin D3

Vitamin D3 ist ein weiterer kritischer Nährstoff für Veganer. Vitamin D3 kann durch die Exposition im Sonnenlicht aufgenommen werden. Problem hierbei ist, dass wir Mitteleuropäer mit Bürojobs selten genügend Sonne abbekommen, um unseren Vitamin D3-Bedarf darüber zu decken. Vitamin D3 können wir ansonsten hauptsächlich über tierische Produkte aufnehmen, was als Veganer ausscheidet. Es sind auch geringe Mengen Vitamin D3 in Pilzen, wie z.B. Pfifferlingen, enthalten. Jedoch wird es auch hier schwierig, eine ausreichende Menge Vitamin D3 aufzunehmen. Daher ist es ebenfalls ratsam, Vitamin D3 zu substituieren. Empfehlenswert ist, ein Vitamin D3-Öl, da Vitamin D3 ein fettlösliches Vitamin ist und in Kombination mit dem Öl besser vom Körper aufgenommen werden kann. Vitamin D3-Öle kann man in der Apotheke beziehen. In einigen pflanzlichen Nahrungsmitteln wie beispielsweise Alfalfa, Sonnenblumenkernen und Avocados ist eine pflanzliche Form von Vitamin D enthalten: Vitamin D2 bzw. Ergocalciferol.

Es ist allerdings noch nicht abschließend wissenschaftlich geklärt, ob dieses Vitamin D2 ebenso wirkungsvoll ist wie Vitamin D3 (Cholecalciferol), welches in tierischen Produkten enthalten ist. Erste Studien deuten bereits darauf hin, dass Vitamin D2 wesentlich weniger wirkungsvoll ist als Vitamin D3. Vitamin D3 ist u.a. notwendig, um Mineralstoffe wie beispielsweise Calcium, Phosphor und Magnesium zu nutzen. Die Gefahr eines Vitamin D-Mangels zeigt sich z.B. im Krankheitsbild Rachitis.

Zufuhrempfehlung Erwachsener lt. DGE: 20 µg/Tag

Vitamin A

Vitamin A wird nur in tierischen Lebensmitteln gefunden. In pflanzlichen Lebensmitteln finden wir stattdessen Betacarotin, eine Substanz, die unser Körper in Vitamin A umwandeln kann. Hierzu sind Gallensalze erforderlich, was bedeutet, dass Betacarotin in Kombination mit Fetten aufgenommen werden muss, um die Gallensekretion anzuregen. Des Weiteren haben Kinder oder Patienten mit Schilddrüsenunterfunktion ebenso wie Patienten mit Diabetes und Gallenblasenproblemen Schwierigkeiten dabei, die Umwandlung von Betacarotin in Vitamin A durchzuführen. Es lässt sich außerdem sagen, dass bei der Umwandlung von Betacarotin in Vitamin A nur eine sehr ineffektive Umwandlung stattfindet, d.h. es werden sehr große Mengen Betacarotin benötigt, um kleine Einheiten Vitamin A zu bilden. Vitamin A ist besonders wichtig für unsere Sehkraft, für die Reproduktion und für unser Immunsystem.

Zufuhrempfehlung Erwachsener lt. DGE: 0,8 – 1 mg/Tag

Eisen

Eisen aus pflanzlichen Quellen ist für den Körper schlechter verwertbar als Eisen aus tierischen Quellen. Ursache dafür ist, dass die meisten Pflanzen mit einem hohen Eisengehalt auch Stoffe enthalten, die die Eisenverwertung und -aufnahme behindern. Ein Beispiel hierfür ist die Oxalsäure im Spinat.

Andere vegane Eisenquellen wie Zuckerrübensirup kommen für eine ketogene Ernährung nicht in Frage. Jede Menge pflanzliches Eisen findet sich beispielsweise in Gerstengras oder Gerstengraspulver, Kürbiskernen, Sesamsamen Sojaprotein, Spirulina, Chlorella sowie Spinat.

Zufuhrempfehlung Erwachsener lt. DGE: 10 mg/Tag (Mann); 15 mg/Tag (Frau)

Calcium

Der Großteil des im Körper vorkommenden Calciums befinden sich in Knochen und Zähnen. Gleichzeitig dienen die Knochen als Speicher für Calcium – bei Calciummangel wird ein Teil davon aus den Knochen gelöst und für andere Aufgaben zur Verfügung gestellt. Die Knochenentkalkung, Osteoporose, kommt vor allem bei älteren Menschen vor.

Calcium spielt außerdem eine Rolle bei der Erregung von Muskeln und Nerven, dem Glykogen-Stoffwechsel, der Zellteilung sowie bei der Aktivierung von Enzymen und Hormonen. Außerhalb der Zellen ist Calcium an der Blutgerinnung und der Aufrechterhaltung der Zellmembranen beteiligt.

Vegane Calciumquellen sind Sojaprodukte oder angereicherte Pflanzendrinks.

Zu den veganen Lebensmitteln mit besonders hoher Calcium-Bioverfügbarkeit gehören Brokkoli, Grünkohl, sämtliche Kopfkohlarten und Chinakohl sowie Pak Choi.

Chia-Samen enthalten etwa 5 x so viel Calcium wie Milch. Auch die Süßwasseralge Chlorella wartet mit einer hohen Menge an Calcium auf.

Zufuhrempfehlung Erwachsener lt. DGE: 0,8 – 1 mg/Tag

Motive für vegane Lebensweise

Laut einer Studie der Uni Bielefeld geben 92,5 % der Befragten ethische Gründe als Motiv für ihren veganen Lebensstil an. Hierbei sprechen wir von einem altruistischen Motiv, welches selbstlos und uneigennützig ist. Zu den altruistischen Motiven zählen neben ethischen Gründen auch humanitäre und ökologische Gründe. Als egoistische Motive bezeichnet man beispielsweise gesundheitliche, kosmetische, ästhetische, religiöse und ökonomische Gründe. Über die Hälfte der Befragten sei das erste Mal durch Medien und Literatur mit dem Thema Veganismus konfrontiert worden. Die Veganer, die sich aus egoistischen, humanitären und ökologischen Motiven zum Veganismus entschließen, haben gemeinsam, dass sie im Allgemeinen dazu tendieren, eher pseudovegan zu leben. Gesundheitliche Vorteile sind ethisch irrelevant. Im Folgenden werden die vorgenannten Motive näher beleuchtet.

Ethische Gründe

Ethische Gründe sind vor allem von Empathie getrieben, der Fähigkeit zum Mitgefühl. Das Leid anderer Lebewesen zu ignorieren, wird demnach als moralisch verwerflich betrachtet. Zu ethischen Motiven zählen vor allem tierrechtsethische Motive, Antispezizismus und der Wunsch nach Abschaffung der Tierausbeutung.

Unter dem Gleichheitsprinzip versteht man die Annahme, dass Tierrechte beachtet werden müssen und dass keine Mensch-Tier-Hierarchie mehr existieren solle. Diese gelte für alle empfindungsfähigen Wesen. Ein weiteres tierrechtsethisches Motiv besteht in der Annahme, dass Tieren oft leicht vermeidbares Leid widerfährt. Aus diesem Grunde sollte auch auf tierische Produkte wie z.B. Leder, Wolle, Honig etc. verzichtet werden. Tierrechtler gehen außerdem davon aus, dass bei vermehrtem Veganismus zahlreiche Tierversuche hinfällig und unnötig wären.

Ökologische und globale Folgen, humanitäre Motive

Um tierische Produkte herzustellen, sind weit mehr Ressourcen notwendig als zur Herstellung pflanzenbasierter Nahrung. Des Weiteren hat die Produktion tierischer Produkte höhere Emissionen zur Folge. Es ist von einem höheren Wasser- und Landverbrauch sowie von einer erhöhten Entwaldung auszugehen. Wenn kein Futter mehr für die Tierproduktion benötigt würde, ließe sich die Ernährung in den Entwicklungsländern verbessern. Ökologische Motive können egoistische Motive sein. Sie können jedoch auch berücksichtigen, dass durch Tierhaltung und damit den Treibhauseffekt unsere Ökosysteme geschädigt und zerstört werden. Motive wie beispielsweise der Wunsch, den Welthunger zu beseitigen, bezeichnet man als humanitäre Motive. Hier wird davon ausgegangen, dass bereits genügend Nahrungsmittel produziert werden, um die gesamte Menschheit zu ernähren.

Diese Nahrungsmittel kommen jedoch nicht den Menschen zugute, sondern werden für die Tierproduktion benötigt.

Inwiefern diese Argumente gerechtfertigt sind, wird stark diskutiert. Ob es eine Lösung für den Welthunger wäre, wenn alle Menschen Vegetarier würden, ist nach Auffassung der Autorin fraglich. Jeder Leser muss hier für sich selbst entscheiden, welchen Motiven er sich nähern könnte und welchen nicht. Dennoch ist es der Vollständigkeit halber wichtig, alle Motive aufzuführen. Eine detaillierte Diskussion dieser Motive möchte ich an dieser Stelle nicht durchführen, da dies nicht dem Sinn und Zweck dieses Buches entsprechen würde.

Gesundheitliche Motive

Gesundheitliche Motive zählen zu den egoistischen Motiven. Es geht dabei um Vorbeugung von Krankheiten wie beispielsweise Krebserkrankungen oder Herz-Kreislauf-Erkrankungen, aber auch um alternative Therapiemöglichkeiten oder Heilung von Erkrankungen. Studien wollen nachgewiesen haben, dass Veganer ein geringeres Erkrankungsrisiko für Herz-Kreislauf-Erkrankungen, Adipositas und Diabetes haben. Außerdem wurde festgestellt, dass Veganer bessere Blutfettwerte aufweisen. Des Weiteren wurden positive Effekte einer veganen Ernährung auf die Darmflora sowie auf die Aufnahme von Vitamin E und Magnesium festgestellt. Durch eine tierproduktfreie Ernährung sollen Entzündungsprozesse im Körper gehemmt und vermindert werden. Sekundäre Pflanzenstoffe kommen in einer höheren Konzentration im Blut vor, wie beispielsweise Carotinoide und Isoflavone.

Zu beachten ist, dass Veganer grundsätzlich eher dazu neigen, sich sehr kohlenhydratlastig zu ernähren, was schnell zu einem hohen Zuckerkonsum führen kann. Dieser würde einen Großteil der gesundheitlichen Vorteile einer pflanzenbasierten Nahrung mit grünem Gemüse als Grundlage beseitigen und eher das Gegenteil bewirken.

Ökonomische Gründe

Hierbei geht man davon aus, dass eine vegane Ernährung durchschnittlich preisgünstiger ist als eine vergleichbare Ernährung mit tierischen Produkten.

Religiöse Gründe

Religiöse Motivationen beruhen auf einer Vielzahl an unterschiedlichen Vorstellungen bezüglich Wiedergeburt und religiösen Dogmen.

Ästhetische Gründe

Bei der ästhetischen Motivation geht man davon aus, dass Tierleichen und tierische Stoffwechselprodukte ekelhaft sind.

Pseudoveganismus

Hierbei handelt es sich um Veganismus, bei dem jedoch auch nicht-vegane und nicht-vegetarische Produkte wissentlich konsumiert werden, beispielsweise Glanolin, Aromastoffe, Gelatine usw. Ein Beispiel für den Pseudoveganismus ist der Containerveganismus.

Vorteile einer veganen Ernährung

Veganer leben entsprechend ihren eigenen Idealen und verwirklichen sich somit selbst. Die Ernährung spielt eine große Rolle im Leben und eine Umstellung hat oftmals zur Folge, dass Veganer generell bewusster konsumieren.

Veganer konsumieren mehr Ballaststoffe als Allesesser. Ballaststoffe schützen den Darm und sorgen für eine regelmäßige Verdauung. Sie transportieren Cholesterin ab und schützen vor degenerativen Erkrankungen. Pflanzen enthalten viele natürlicher Antioxidantien und sekundäre Pflanzenstoffe, welche vor Arthritis, Herz-Kreislauf-Erkrankungen und anderen degenerativen Erkrankungen schützen. Isoflavone kommen vor allem in Sojabohnen vor und schützen vor Prostatakrebs und Brustkrebs und können einen positiven Einfluss auf die Knochengesundheit haben.

Für die Produktion von Fleisch wird wesentlich mehr Getreide benötigt, als für eine Ernährung auf Pflanzenbasis. Bei bio-veganer Landwirtschaft kommt es nicht zur Überdüngung der Böden, was zum Erhalt des Ökosystems beiträgt. Insgesamt kann bei einer tierfreien Ernährung von einer besseren Ressourcennutzung ebenso wie von einer besseren Klimabilanz ausgegangen werden.

Eine tierfreie Ernährung trägt nicht zur Massentierhaltung bei, somit auch nicht zum weiteren Fortschreiten der Antibiotikaresistenz.

Mögliche Risiken, Nebenwirkungen, Kontraindikationen

Im Rahmen einer veganen Ernährung ist es, wie bereits erwähnt, im Allgemeinen schwieriger, seinen Bedarf, insbesondere an kritischen Nährstoffen angemessen zu decken. Es besteht die Gefahr einer zu kohlenhydrat- bzw. zuckerreichen Ernährung. Selbst für langjährige Veganer stellt es beispielsweise durchaus eine Herausforderung dar, durch rein pflanzliche Nahrung ausreichend Eisen, Protein oder B-Vitamine aufzunehmen.

Nachteile einer veganen Ernährung

Bei der Beurteilung veganer Ernährung sind sich Ernährungswissenschaftler alles andere als einig – vor allem die Gefahr von Nährstoffdefiziten wird häufig genannt, insbesondere während der Schwangerschaft, in der Stillzeit und während des jugendlichen Wachstums bestünden Risiken einer Mangelernährung. Ausdrücklich genannt werden Eiweißdefizite und Defizite an Eisen, Calcium, Jod, Zink, Riboflavin, Vitamin B12, Vitamin D3 und bestimmten Fettsäuren.

Während Fett allgemein in ausreichender Menge durch die vegane Ernährung beschafft werden kann, gibt es ein grundsätzliches Problem bei der Eiweißzufuhr. Denn in Gemüse und im Obst ist kaum Eiweiß vorhanden. Eiweiß wird aber benötigt, um dem menschlichen Stoffwechsel ausreichend Nährstoffe zuzuführen. Durch die gezielte Nutzung proteinreicher Lebensmittel kann man einem Eiweißmangel vorbeugen. Besonders beliebt sind bei Veganern Sojaprodukte.

Die Deutsche Gesellschaft für Ernährung (DGE) hält es für möglich, dass vegane Kost den Nährstoffbedarf von gesunden Erwachsenen decken kann, sofern ein ausreichendes Ernährungswissen vorliegt und eine wohlüberlegte Nahrungszusammenstellung erfolgt.

VEGAN KETOGENE ERNÄHRUNG

Wir leben heute in einer Welt, in der wir – von Termin zu Termin eilend, E-Mails zu Hunderten am Smartphone beantwortend – kaum mehr die Zeit haben, uns adäquate, nährstoffreiche und hochqualitative Mahlzeiten zuzubereiten, die uns als Grundlage für unser Leben voller Aufgaben und Verantwortung dienen. Gleichzeitig versuchen mehr und mehr Menschen durch Yoga, Meditation, Entspannungstechniken und achtsamkeits-basiertem Stressmanagement dem anhaltenden Stress gewachsen zu sein, höhere Bewusstseinsebenen zu erreichen, einen Sinn im Leben zu finden.

All diese Bemühungen werden jedoch sinnlos oder nur von kurzer Wirkung sein, wenn wir keine stabile Basis für unser körperliches Wohlbefinden schaffen. Eine Basis, bestehend aus einer Ernährung, die uns mit allen Nährstoffen und ausreichend Energie versorgt und gleichzeitig adäquate Bewegung nicht außer Acht lässt. Und umso wichtiger ist diese Basis, wenn wir schon einen gewissen Leidensdruck, beispielsweise durch bestimmte Erkrankungen haben.

Grundprinzipien

Bei der veganen ketogenen Ernährung bringen wir den Körper in den Stoffwechselzustand der Ketose. Dies erreichen wir, indem wir täglich maximal 20 g Kohlenhydrate zu uns nehmen, ca. 1,5 g Proteine pro Kilogramm Körpergewicht sowie ca. 60-70 % unserer Gesamtkalorien in Form von Fetten. Um ohne tierische Proteine nicht in den Hungerstoffwechsel zu gelangen, muss darauf geachtet werden, ausreichend gute Fette aufzunehmen. Durch die pflanzlichen Proteine und ausreichend Fette bleibt man lange genug satt und erhält zudem ausreichend Energie für Sport. Durch den erhöhten Proteinkonsum wird der Muskelaufbau optimal unterstützt und Fett effektiver verbrannt. Ohne Butter, Käse, Fisch, Fleisch ausreichend Energie, ausreichend viel Fett und Proteine aufzunehmen, ist nicht einfach, jedoch möglich.

Wer die streng ketogene Phase nur als Initialdiät nutzen möchte, um ein bestimmtes Zielgewicht zu erreichen, kann nach dieser ersten Phase damit beginnen, die Menge und Art der Kohlenhydrate schrittweise zu erweitern, bis die kritische Kohlenhydratschwelle erreicht ist. Üblicherweise steigert man dabei die Kohlenhydratmenge im 5-g-Rhythmus pro Woche oder pro zwei Wochen. Die kritische Kohlenhydratschwelle ist die maximale tägliche Menge an Kohlenhydraten, bei der das Gewicht noch gehalten wird. Welche Fette man einsetzen kann und welche veganen Proteinquellen optimal sind, erfahren Sie im Kapitel „Alltag“.

Berechnung Nährstoffmenge

Im Folgenden finden Sie eine beispielhafte Berechnung der notwendigen Makronährstoffmengen für einen Tagesenergie-bedarf von 1.800 kcal bei 60 kg Körpergewicht für eine Initialphase mit den Parametern maximal 20 g Kohlenhydrate pro Tag, maximal 1,5 g Protein pro Kilogramm Körpergewicht pro Tag und der übrigen Kalorienmenge in Form von Fetten. Zur Berechnung nutzen wir die Information, dass 1 g Kohlenhydrate 4,1 kcal hat, ebenso 1 g Protein 4,1 kcal hat und 1 g Fett 9,3 kcal hat.

Berechnung:

1. Grundumsatz: 1350 kcal

2. Leistungsumsatz: 1800 kcal

Kohlenhydrate: 20 g: 20 g x 4,1 kcal = 82 kcal
Protein: 60 kg Körpergewicht x 1,5 g = 90 g
90 g x 4,1 kcal = 369 kcal
Fett: 82 kcal + 369 kcal = 451 kcal
1800 kcal – 451 kcal = 1349 kcal
1349 kcal : 9,3 kcal = ca. 145 g Fett

Bei einem Körpergewicht von 60 kg und einem Gesamtenergiebedarf von 1800 kcal täglich ergeben sich also Nährstoffanteile von 20 g Kohlenhydrate pro Tag, 90 g Protein pro Tag und ca. 145 g Fett pro Tag.

Motive

Veganer, die sich aus altruistischen Gründen zum Veganismus entschließen, haben keinerlei Möglichkeit, jemals eine andere Lebens- und Ernährungsweise zu wählen, eben aufgrund ihrer selbstlosen Motive. Sie können sich also nicht beispielsweise aus gesundheitlichen oder fitnessbezogenen Gründen für eine "normale" ketogene Ernährung entscheiden. Für diese Realveganer bietet dieses Buch die Möglichkeit sich über eine alternative vegane Ernährung zu informieren.

Auch Veganer, die ihre Ernährung aus gesundheitlichen Gründen umgestellt haben, können von diesem Buch profitieren, da sie die Möglichkeit erhalten, eine vegane LCHF-Ernährung durchzuführen, ohne auf die vegane Lebensweise zu verzichten.

Vorteile einer veganen ketogenen Ernährung

Bei den Vorteilen der veganen-ketogenen Ernährung finden wir Vorteile der veganen Ernährung, ebenso wie Vorteile der ketogenen Ernährung. Beispielsweise profitiert man auch hier vom initialen Gewichtsverlust. Des Weiteren ist auch eine Senkung des Cholesterins bzw. eine Optimierung der Blutfettwerte zu erwarten. Weitere Vorteile sind zu erwarten bei Krebspatienten, die bereits unter Kachexie leiden. Eine hochkalorische, kohlenhydratreduzierte und fettreiche Ernährung mit einem ausgewogenen Anteil an Proteinen wird hier helfen, den Erhalt der Muskelmasse zu sichern. Gleichzeitig wird den Krebszellen die Lebensgrundlage entzogen. Ebenso wird auch hier weniger Insulin ausgeschüttet, somit weniger Wachstumsfaktor für Tumorzellen. Der Blutzucker bleibt stabil. Durch weniger Zucker werden Entzündungsprozesse verringert und die Menge an Laktat im Körper gemindert.

Risiken, Nebenwirkungen, Kontraindikationen

Wie schon beschrieben, ist eine besonders sorgfältige Auswahl der Lebensmittel bei einer veganen ketogenen Ernährung unerlässlich, da eine Reihe von Eiweißquellen wegfallen, die zu viele Kohlenhydrate enthalten, wie etwa Hülsenfrüchte.

Die Wahrscheinlichkeit einer mangelhaften Ernährung insbesondere hinsichtlich der empfohlenen Mikronährstoffmengen wächst mit der stärkeren Einschränkung der Lebensmittelauswahl. Bei einer veganen ketogenen Ernährung besteht das Risiko einer verminderten Zufuhr von Energie, Protein, langkettigen Omega-3 Fettsäuren, Eisen, Calcium, Jod, Zink, Riboflavin, Vitamin B_{12} und Vitamin D3. Es ist also besonders auf die ausreichende Zufuhr dieser Nährstoffe zu achten.

Des Weiteren gelten alle Risiken, Kontraindikationen und Nebenwirkungen einer ketogenen Ernährungsweise auch für eine vegane ketogene Ernährung.

Sollten Sie Fragen haben oder unsicher sein, ob eine ketogene Ernährung für Sie geeignet ist, kontaktieren Sie Ihren Arzt. Die hier beschriebenen Informationen können keine medizinische Konsultation ersetzen.

Nierenerkrankungen

Die wichtigste Kontraindikation für eine vegane-ketogene Ernährung sind Erkrankungen der Nieren. Wie bereits erwähnt, ist eine ketogene Ernährung grundsätzlich möglich, jedoch mit einem angepassten Proteinanteil und dementsprechend höheren Fettanteil. Wichtig ist eine Abklärung durch den Facharzt, bevor mit einer Ernährungsumstellung begonnen wird.

Erkrankungen der Gallenblase / Cholezystektomie

Ohne Gallenblase ist unser Körper zwar in der Lage Fett zu verdauen, an den erhöhten Fettanteil bei einer ketogenen Ernährung muss man ihn jedoch langsam gewöhnen. Daher sollte die Fettmenge schrittweise gesteigert werden. Sollten bei einer erhöhten Fettmenge Probleme auftreten, wäre auch hier eine Low-Carb-Ernährung mit moderatem Fettanteil die Alternative.

Vegan ketogene Ernährung im Alltag

Die Umstellung auf eine ketogene Ernährung ist grundsätzlich eine große Herausforderung. Bei einer ketogenen Ernährung besteht die Ernährung hauptsächlich aus Fetten und Eiweißen, die man zum Großteil aus tierischen Produkten bezieht. Es ist allerdings möglich, dies auch rein vegan zu bewerkstelligen - allerdings mit einem erhöhten zeitlichen und unter Umständen auch finanziellen Aufwand, an den man sich erst einmal gewöhnen muss.

Es ist beispielsweise nur noch sehr eingeschränkt möglich, auf der Straße, im Schnellimbiss, in der Kantine, unterwegs oder im Restaurant eine fertige Mahlzeit zu bestellen; man muss sehr viel mehr Zeit und Überlegung in die Gestaltung des Speiseplans investieren.

Aber nichts destotrotz kann man durch einen achtsamen Umgang mit den Ressourcen und Lebensmitteln eine gesunde und schmackhafte Alternative in der veganen-ketogenen Ernährung finden.

Ein Verzicht auf stark verarbeitete Lebensmittel sowie Backwaren, Beilagen, Süßigkeiten und vegane Fertigprodukte ist unabdingbar. Besonders hoch verarbeitete Mode-Produkte sind im Allgemeinen aufgrund des hohen Gehalts an Zucker, modifizierter Stärke und anderen Zusatzstoffen nicht empfehlenswert. Kohlenhydrate sind bei der vegan ketogenen Ernährung nur in Form von Gemüse, Sojaprodukten, Nüssen, Beeren und einigen Früchten erlaubt. Besorgen Sie sich einen Vorrat an Tofu, Saitan, ungesüßter Sojamilch, Mandelmilch, Süßstoff, Acovados, Kokosöl, Mandelmus, Tahin, Oliven und Nüssen. Es ist notwendig, dass Sie täglich, besonders in der Anfangszeit, Ihre Kohlenhydrate und idealerweise auch Proteine, Fette und Kalorien zählen. Bleiben Sie zu Beginn, wenn ein Gewichtsverlust gewünscht ist, unter 20 g Kohlenhydraten pro Tag.

Gewöhnen Sie sich an, bei allen Lebensmitteln, die Sie kaufen, die Nährwertangaben zu lesen.

500 g Tofu enthalten beispielsweise 2 g Kohlenhydrate. Besorgen Sie sich, falls notwendig, Nahrungsergänzungsmittel, wie beispielsweise Vitamin B12 oder Vitamin D3-Öl. Lassen Sie idealerweise vor Beginn der ketogenen Ernährung Ihre Blutwerte, insbesondere Blutfettwerte, Nierenwerte, Schilddrüse und Blutzucker überprüfen.

Probieren Sie aus, wo Ihre kritische Kohlenhydratschwelle liegt. D.h. sobald Ihr Zielgewicht erreicht ist, testen Sie Woche für Woche 5 g Kohlenhydrate pro Tag mehr zu sich zu nehmen. Sobald das Gewicht wieder steigt, haben Sie Ihre kritische Kohlenhydratschwelle überschritten. Finden Sie heraus, wo der Kohlehydratwert liegt, bei dem Sie Ihr Gewicht halten können. Dieser sollte bei ca. 40 - 60 g Kohlenhydraten pro Tag liegen.

Hafer, Gerste und Couscous sind Gemüse bzw. Getreide mit mehr als 10 % Kohlenhydrate. Diese können schrittweise nach der Initialphase in die Ernährung aufgenommen werden. Die Verwendung von Jodsalz wird empfohlen. Bauen Sie Speisepilze in die Ernährung ein, da sie einen entscheidenden Beitrag zur Proteinversorgung leisten können.

Vegane Eiweißquellen

Tofu ist eine der besten Eiweißquellen für Veganer, die sich zudem in verschiedensten Geschmackskreationen variieren lässt. Wichtig ist, dass Sie hier zu natürlichem, unverarbeitetem oder geräuchertem Tofu greifen. Stark verarbeitete Produkte, wie z.B. Tofu-Schnitzel, mit einem hohen Anteil an Zucker, modifizierter Stärke oder anderen Zusatzstoffen sind generell nicht geeignet. Um nicht von Soja als Haupt-Eiweißquelle abhängig zu sein, kann man auch auf Erbsenprotein, Reisprotein und Mandelprotein zurückgreifen. Erbsenprotein und Reisprotein schlagen für eine ketogene Ernährung jedoch mit relativ vielen Kohlenhydraten zu Buche und Mandelprotein ist eine recht preisintensive Alternative.

Eine weitere hochwertige pflanzliche Eiweißquelle ist Miso mit jeder Menge Aminosäuren. Wichtig bei der Zubereitung von Miso-Suppe ist, dass man das Miso erst kurz vor dem Verzehr in die heiße Brühe gibt.

Ebenfalls sehr hochwertiges Eiweiß enthalten Hanfsamen Hanfmehl und Hanfprotein.

Hanfprotein kann am besten vom menschlichen Körper aufgenommen und verwertet werden, da es dem menschlichen Protein sehr ähnlich ist. Jedoch ist es für den Muskelaufbau nicht optimal

Auch Lupinenprotein ist eine denkbare Alternative. Hier sollten jedoch ebenfalls keine stark verarbeiteten Lebensmittel ausgewählt werden. Derzeit ist das Angebot an Lupinenprotein-Lebensmitteln noch sehr überschaubar und leider werden hauptsächlich Fertigprodukte mit Zusatzstoffen angeboten.

Weitere optimale Eiweißquellen für Veganer, insbesondere für Sportler, ist eine Kombination aus Reisprotein, Hanfprotein und Lupinenprotein. Reisprotein zeigt in Studien verglichen mit dem tierischen Molkenprotein die gleichen Ergebnisse in Bezug auf Muskelaufbau wie diese. Reisprotein enthält verhältnismäßig viele Kohlenhydrate. Daher ist hier genau abzuwägen und abzuwiegen, ob und wieviel Reisprotein im Speiseplan Platz hat.

Für sportlich Aktive wäre eine Kombination aus 70 % Reisprotein (unter Beachtung der kritischen Kohlenhydratschwelle) und 30 % Hanfprotein oder Lupinenprotein am besten geeignet.

Eine weitere vegane Eiweißquelle sind Pilze wie z.B. Austernpilze und Champignons bei nur minimalem Anteil an Kohlenhydraten.

Ein sogenanntes Superfood mit hohem Anteil an pflanzlichem Eisen ist die Spirulina-Alge. Man kann sie in Shakes, Smoothies oder Salaten verwenden.

Auch ein fertiges veganes Proteinpulver aus mehreren Komponenten ist eine Möglichkeit, die notwendige Menge an Proteinen aufzunehmen.

Bei fertig zu kaufendem veganen Käse- oder Ei-Ersatz sollte man auf die Inhaltsstoffe, insbesondere Zusatzstoffe und Texturgeber achten. Veganen Käseersatz kann man auch selbst herstellen, z. B. aus Macadamias, Mandeln, Paranüssen, Miso und Hefeflocken.

Bei veganen Wurstalternativen ist besonders auf die Nährwertangaben zu achten. Häufig sind diese Lebensmittel stark verarbeitet und reich an Zusatzstoffen, sodass der gesundheitliche Effekt leicht verfehlt wird.

Mehlalternativen

Es gibt zahlreiche Möglichkeiten auch ohne Kohlenhydrate und zudem vegan zu backen. Im Folgenden seien nur einige Mehlalternativen genannt:

Vollfettes Sojamehl ist eine geschmacksneutrale Mehlalternative mit einem hohen Anteil an Fett und pflanzlichem Eiweiß.

Gluten ist zwar praktisch zum Backen und als Mehlalternative bzw. als Bindemittel, hat jedoch ein hohes allergenes Potential und ist eines der für den Körper am wenigsten gut verwertbaren Eiweiße.

Weitere Mehl-Alternativen sind:

- Kokosmehl
- Hanfmehl
- gemahlene Mandeln
- entöltes Mandelmehl
- Chiasamen

- Gemahlene Leinsamen
- Entöltes Leinsamenmehl
- Proteinpulver

Hilfsmittel beim Backen

Flohsamenschalen sind ein Ballaststoff, der Flüssigkeit bindet, sehr stark quillt und in Backwaren für Bindung, Saftigkeit und Faserstoffe sorgt. Er wirkt verdauungsregulierend und entzündungshemmend im Darm und kleidet die Darmschleimhaut mit einem schleimigen Schutzfilm aus. Wichtig ist, dass bei der Verwendung von Flohsamen viel getrunken wird.

Chia-Samen haben eine enorme Quellfähigkeit. Man kann sie wie Flohsamenschalen in Backwaren verwenden, aber auch zur Herstellung von kohlenhydratfreiem Pudding oder roher Marmelade.

Natron: Backpulver besteht aus Natriumcarbonat (Natron), einer Säure (z.B. Weinstein) und Stärke. Kommt es mit Flüssigkeit in Berührung, reagieren Natron und Säure miteinander und setzen Kohlensäure frei, was bewirkt, dass Backwaren aufgehen. Um die Stärke zu vermeiden, ist es sinnvoll, einfach nur Natron und eine Säure (Weinstein, Zitronensäure oder Essig) als Triebmittel zu benutzen.

Zusammenfassung der Lebensmittel, die sich für eine ketogene vegane Ernährung besonders eignen

- Tofu
- Miso
- Sojamehl
- Sojaprotein
- Hanfmehl
- Hanfnüsse
- Hanfprotein
- Hanfsamen
- Leinsamen
- Leinsamenmehl
- Chiasamen
- Lupinenmehl
- Erbsenprotein-Isolat
- Mandelprotein
- Mandelmehl
- Kokosmehl
- Kokosöl
- Kokosmilch
- Macadamianüsse
- Paranüsse
- Mandeln

- Olivenöl
- Leinöl (nicht erhitzen!!)
- Rapsöl
- Avocados
- Austernpilze
- Champignons
- Stärkearmes Gemüse

Pflanzliche Fettquellen

Die wichtigsten pflanzlichen Fettquellen und hochwertige Fette sind Leinöl, Hanföl, Kokosöl, Avocados, Mandeln, Macadamianüsse, Hanfsamen.

Ein weithin verbreiteter Glaube besteht darin, dass gesättigte Fette und Nahrungscholesterin die Arterien verstopfen und Herzkrankheiten bedingen. Dies ist nicht verwunderlich, wenn medial und von Ärzten und auch Ernährungsberatern solche Informationen verbreitet werden. Kokosöl und Butter werden demnach gemieden, stattdessen greift man lieber zu Magerine oder Sonnenblumenöl.

Es ist jedoch bereits nachgewiesen, dass die Plaques in den Arterien v.a. aus hoch ungesättigten Fettsäuren bestehen, also Omega 6-Fettsäuren. Die Arterienverstopfung besteht also nicht aus gesättigten Fettsäuren oder Palm- und Kokosfett. Wichtig hingegen ist es, Transfettsäuren zu meiden, welche tatsächlich eine beschleunigte Arterosklerose, Herzkrankheiten und Krebs verursachen können. Sie beeinflussen alle Cholesterinswerte ungünstig, sie wirken entzündungsfördernd, hemmen die positiven Eigenschaften der Omega-3-Fettsäuren und sorgen für Störungen in der Zellmembran.

Transfette finden wir v.a. in verarbeiteten Nahrungsmitteln, in Fertignahrungsmitteln, in Margarinen und gehärteten Fetten, frittierten Speisen, wie z. B. Pommes Frites oder Chips.

Entscheidend ist es, bei der Wahl der Fette darauf zu achten, ein gutes Verhältnis zwischen Omega 3- und Omega 6-Fettsäuren zu haben. Das ideale Fettsäuremuster bietet uns beispielsweise das Leinöl, ein pflanzliches Öl, bei dem das Verhältnis von Omega 6 zu Omega 3 bei 1:5 liegt. (prüfen!) In einer Studie von Mary Enig lässt sich eine starke Verbindung zwischen erhöhtem Brustkrebsrisiko und der Aufnahme von raffiniertem Pflanzenöl feststellen, jedoch keine Verbindung zwischen erhöhtem Brustkrebsrisiko und dem Konsum von gesättigtem Fett.

Unser Körper benötigt jedoch auch gesättigte Fette, z. B. u.a. für die Aufnahme von Calcium in die Knochen oder auch um die essentiellen Fettsäuren verwerten zu können. Gesättigte Fettsäuren können zwar das Gesamtcholesterin erhöhen.

Hierbei verbessern sie jedoch das Verhältnis von LDL-Cholesterin zu HDL-Cholesterin. Jedoch beeinflussen nicht alle gesättigte Fettsäuren den Cholesterinspiegel.

Dies tun nur Laurinsäure, Myristinsäure und Palmitinsäure. Hierbei erhöhen Laurin- und Myristinsäure das gesunde HDL-Cholesterin. Palmitinsäure erhöht das LDL-Cholesterin, jedoch auch nur leicht.

Die anderen gesättigten Fettsäuren haben keinen Einfluss auf den Cholesterinspiegel sondern tragen lediglich dazu bei unsere Triglyceride zu senken.

Sojaprodukte

Die Verwendung von Sojaprodukten hat in den letzten Jahren stark zugenommen. Eine mögliche Ursache hierfür ist der Trend zur Verwendung von Bio-Lebensmitteln. Sojaprotein wird mittlerweile in großer Menge verschiedenen Produkten beigemischt, die Soja nicht benötigen würden. Schätzungsweise 30.000 Nahrungsmittel enthalten einen Zusatz von Sojaderivaten.

Traditionell fermentierte Sojaprodukte wie Miso, Tamari, Tempeh und Natto sind in Maßen gesund. Stark verarbeitete Sojaprodukte dagegen nicht. Nicht-fermentierte Sojabohnen und Produkte, die daraus hergestellt werden, enthalten viel Phytinsäure, einen Stoff, der im Verdauungstrakt Mineralien bindet und sie aus dem Körper hinausdrängt. Des Weiteren sind stark verarbeitete Sojanahrungsmittel auch reich an Trypsinblockern, die die Proteinverdauung stören.

Sojaprotein kann nach seiner Herstellung in folgende Kategorien eingeteilt werden:

Sojaprotein-Isolat ist die veredelste Form von Sojaprotein mit einem Proteinanteil von ca. 90 %. Es findet hauptsächlich in Fleischersatzprodukten Verwendung.

Sojaproteinkonzentrat mit einem Proteinanteil von ca. 70 % besteht vor allem aus Sojabohnen ohne wasserlösliche Kohlenhydrate.

Strukturiertes Sojaprotein besteht hauptsächlich aus festem Sojaprotein-Konzentrat und hat eine Konsistenz ähnlich wie Hackfleisch. Der Proteinanteil liegt bei ca. 70 %.

Das in der Sojabohne enthaltene Protein ist eines der wenigen pflanzlichen vollwertigen Eiweiße. Der hohe Anteil an essentiellen Aminosäuren macht es am ehesten mit dem Proteingehalt eines Hühnereis vergleichbar. Die Zusammensetzung der Fette mit 48 - 52 % Linolsäure und 23 – 32 % Ölsäure sowie 8 – 12 % an gesättigten Fettsäuren machen sie für die industrielle Verwendung attraktiv.

Der hohe Tocopherolanteil (Vitamin E) des Sojaöles, einem Antioxidans, muss besondere Aufmerksamkeit gewidmet werden. Denn immerhin kann aus 1 kg Sojaöl zwischen 920 und 2000 mg Vitamin E gewonnen werden. Ferner ist die Sojabohne ein hervorragender Rohstoff für die Gewinnung von Phospholipiden (Lecithin). Die folgende Tabelle stellt den Durchschnittsgehalt an Inhaltsstoffen der Sojabohne dar.

Gehalt an Mineralstoffen, Spurenelementen und Vitaminen in der Sojabohne (Robert Ebermann und Ibrahim Elmadfa: Lehrbuch Lebensmittelchemie und Ernährung 2. Auflage, Wien Februar 2008).

Mineralstoffe und Spurenelemente

Eisen	15,7 mg/100 g
Zink	4,9 mg/100 g
Kupfer	1,7 mg/100 g
Mangan	2,5%
Selen	17,8 µg/100 g

Vitamine

Thiamin	0,9 mg/100 g
Riboflavin	0,9 mg/100 g
Niacin	1,6 mg/100 g
Folsäure	375 µg/100 g
Vitamin E	1,95 mg/100 g

Für Sportler interessant ist, dass sich die Sojabohne durch einen besonders hohen Glutamin-, BCAA- und Argininanteil auszeichnet.

Das Sojaproteinkonzentrat (auch Soja-Formula bzw. Babynahrung) enthält sog. Phytoöstrogene (pflanzliche Östrogene). Sojoaproteinisolat enthält dagegen keine Phytoöstrogene.

Billige Sojaproteinkonzentrate können sog. Anti-Nutrienete enthalten, die die Aufnahme von anderen Nährstoffen behindern. Ein Nachteil, den leider alle Sojaproteinprodukte aufweisen, ist der geringe Anteil der Aminosäure Methionin.

Sojaproteinisolat und Sojaproteinkonzentrat sind hoch verarbeitete Lebensmittel, die in ihre Bestandteile aufgebrochen, hocherhitzt und denaturiert sind. Im Herstellungsprozess werden verschiedenste Inhaltsstoffe als Geschmacksgeber zugefügt, beispielsweise Mononatriumglutamat (MSG).

Generell kann von hochprozessierten Lebensmitteln mit möglichen toxischen oder carcinogenen Inhaltsstoffen nur abgeraten werden.

Ich bin Sportler – Wie kann ich das nötige Protein bekommen

Als veganer Sportler hat man die Wahl zwischen Reisprotein, Hanfprotein, Erbsenprotein, Sojaprotein, Chiasamen, Mandelprotein, Spirulina oder Lupinenprotein. Auch pflanzliche Proteinmischungen sind empfehlenswert, da sich darin die Aminosäureprofile der einzelnen Proteine ergänzen, was die biologische Wertigkeit des Proteins verbessert.

Geeignete Proteinkombinationen sind z.B.: (Verhältnis 30:70):

- Erbsenprotein und Reisprotein
- Lupinenprotein und Reisprotein
- Hanfprotein und Reisprotein

Für eine ketogene Ernährung ist die Variante Erbensprotein und Reisprotein aufgrund des hohen Kohlenhydratanteils nicht empfehlenswert.

Hanfprotein wartet zusätzlich mit wertvollen Omega-3-Fettsäuren auf. Es besitzt einen hohen Anteil an Mineralien und Spurenelementen und ist am besten verträglich.

Leider hat es im Vergleich zu den anderen pflanzlichen Proteinen, den geringsten Proteinanteil. Hanfsamen, Chiasamen und die Spirulina-Alge enthalten vollständige Proteine mit allen 9 essentiellen Aminosäuren.

Wenn man die richtigen unvollständigen Proteinquellen miteinander kombiniert, erhält man dadurch eine Mahlzeit mit vollständigen Proteinen, z.B. Spinat mit Mandeln.

Eiweißgehalt pro 100 g:

- Paranüsse – 14 g
- Chia Samen – 16 g
- Mandeln – 19 g
- Sonnenblumenkerne – 22 g
- Leinsamen – 24 g
- Kürbiskerne – 24 g
- Hanf Samen – 37 g
- Sojamilch - 3 g
- Soja-Joghurt - 4
- Tofu – 16 g
- Tomate – 1 g
- Aubergine – 1 g
- Zucchini – 2 g
- Blumenkohl – 2 g
- Pfifferlinge – 2 g
- Yamswurzel – 2 g

- Broccoli – 3 g
- Champignons – 3 g
- Spinat – 3 g
- Spirulina – 57 g

Substitution

Für Veganer ist während einer ketogenen Ernährung die Substitution von Vitamin D3 und Vitamin B12 dringend empfohlen.

Evtl. sollte auch über die Substitution der anderen kritischen Nährstoffe nachgedacht werden. Diese können jedoch bei einer abwechslungsreichen Mahlzeitengestaltung auch über die Nahrung aufgenommen werden.

Eine regelmäßige Kontrolle der kritischen Nährstoffe im Blutbild ist empfehlenswert.

Basics für den Vorratsschrank

Erlaubte Nahrungsmittel während der veganen ketogenen Ernährung sind grundsätzlich:

- Kokosnuss, Kokosöl, Kokosmilch, Kokosmus, Kokosmehl
- Oliven, Olivenöl
- Avocado
- Tofu, Tempeh, Saitan, Sojamilch, Sojasahne
- Lupinensamen
- Lupinen-Seide
- Paranüsse, Macadamias
- Erdnüsse, Cashewkerne
- Walnüsse
- Kürbiskerne, Sonnenblumenkerne
- Erdnussmus
- Feldsalat und alle anderen Salatsorten
- Broccoli, Blumenkohl
- Zucchini, Gurken
- Champignons, Austernpilze, Pfifferlinge
- Spinat

- Lein-, Hanf- und Rapsöl
- Gewürze (besonders Knoblauch, Ingwer, Chili und Cayenne-Pfeffer, etwas Soja-Soße)
- diverse Tees (besonders grüner)
- Kaffe
- viel Wasser
- Mandeln, Mandelöl, Mandelmehl, Mandelmus
- Mandelmilch
- Leinsamen, Chiasamen, Hanfsamen
- Hanfmehl, Sojamehl
- MCT-Öl
- Proteinpulver auf veganer Basis
- Bitterschokolade mit 90 % Kakao

Zuckerersatz

Ein fast schon philosophischer Aspekt der ketogenen Ernährung ist der Verzicht auf Zucker bzw. die Kontrolle der Sucht oder Gier nach Süßem. Viele der Lebensmittel, die in einer ketogenen Ernährung vorkommen sind von Natur aus leicht süßlich, wie z.B. Kokosmilch, Chiasamen, Mandeln. Wer dennoch beispielsweise zum Backen eine Alternative zum Zucker benötigt, kann auch verschiededene Zuckeraustauschstoffe oder Zuckerersatzstoffe zurückgreifen.

Honig, Agavendicksaft, Stevia, Xylit, Erythrit – sind nur einige der bekannten Alternativen zum klassischen Kristall- bzw. Haushaltszucker. Die Vielfalt ist groß und scheinbar für jeden Geschmack etwas dabei. Aber gibt es unter den – teilweise recht hochpreisigen – Angeboten auch eine süße Alternative für Personen, die kohlehydratfrei oder low carb leben?

Egal ob Fructose, Honig, Dicksäfte, Stevia, Xylit, Kokosblütenzucker, Erythrit oder diverse in der EU zugelassene Zuckeraustauschstoffe – sie mögen zwar keine oder wenig Kalorien haben, sind aber nicht frei von Kohlehydraten.

Die Variante mit den wenigsten Kohlehydraten stellt hierbei noch Stevia dar. Allerdings ist auch hier Vorsicht geboten, da meist nur ein Teil des Zuckers durch Steviolglykoside ersetzt wird, oft treten sie auch mit anderen Zuckeraustauschstoffen kombiniert auf, was wiederum den Kohlehydratanteil erhöht.

Xylit und Erythrit sind Zuckeralkohole, die zwar Kohlehydrate haben, diese werden vom Körper jedoch nicht verstoffwechselt und sozusagen „unverarbeitet" wieder ausgeschieden. Somit haben sie auch keine Auswirkung auf den Blutzuckerspiegel und sind auch in einer ketogenen Ernährung geeignet. Ein Beispiel für ein Erythrit-Produkt, welches auch in einigen Rezepten vorkommt, ist Sukrin.

Süßstoffe hingegen sind chemische Verbindungen ohne Kohlehydrate – und damit ebenfalls eine Alternative für Anhänger der ketogenen Ernährung. Es gibt außerdem auch weiterhin keine wissenschaftlichen Belege für eine krebsfördernde Wirkung von Süßstoffen, wie z.B. Aspartam, Cyclamat, etc. gibt.

Als Fazit kann jedoch gesagt werden, dass nach kurzer Umstellungsphase bei der ketogenen Ernährung der Appetit auf Süßes rapide nachlässt.

Die natürliche Süße in Kokosprodukten, Nüssen oder einer kleinen Menge Beerenobst ist meist völlig ausreichend. Sollte man tatsächlich zum Backen nachsüßen müssen, ist der Griff zum Süßstoff das kleinere Übel und stellt sicher, dass man stabil in der Ketose bleiben kann. Bei Süßstoffen mit hoher Süßkraft kann es schnell zu einer Gewöhnung an die Süße kommen, daher sollten sie äußerst sparsam und nicht regelmäßig eingesetzt werden.

Schokolade kann man sich aus Kokosöl, Kakaopulver und Süßstoffen selbst herstellen. Auch Kakaobutter, Kakaomasse oder rohe Kakao-Nibs können hier zum Einsatz kommen. Kakaomasse kann notfalls durch 99 %-ige Schokolade ersetzt werden. Kakaobutter eignet sich sowohl zur Herstellung von Schokoladen, Pralinen und Backwaren als auch für Kosmetikprodukte.

Chia-Samen

Chia-Samen sind die Samen einer Salbeipflanze, die ursprünglich aus Mexiko und Guatemala stammt. Sie weisen einen sehr hohen Gehalt an Omega 3-Fettsäuren auf und werden deshalb als Superfood bezeichnet. Die enthaltenen Kohlenhydrate in Chia-Samen kommen hauptsächlich in Form von Ballaststoffen vor. Chia-Samen können das 12-fache Ihres Eigengewichtes an Wasser binden.

Die wichtigsten Inhaltsstoffe der Chia-Samen sind:

Omega 3-Fettsäuren (20,36 g / 100 g)
Ballaststoffe (33,7 g / 100 g)
Protein (21,2 g / 100 g)
Kalzium (500 mg / 100 g)
Kalium (600 mg / 100 g)
Magnesium (290 mg / 100 g)
Phosphor (535 mg / 100 g)

Chia-Samen haben einen hohen Sättigungswert und halten den Blutzuckerspiegel stabil. Des Weiteren wurde in Studien bereits nachgewiesen, dass der Verzehr von Chia-Samen den LDL-Cholesterin-Spiegel sowie die Triglyceride im Blut senkt und gleichzeitig den HDL-Cholesterin-Spiegel hebt.

Auch Bluthochdruck kann durch regelmäßigen Verzehr von Chia-Samen positiv beeinflusst werden. Außerdem weisen Chia-Samen eine große Menge an Antioxidantien (Polyphenole) auf. Um einen leckeren Chia-Pudding herzustellen, gibt man ca. 20 g Chia-Samen (2 EL) in 125 ml Flüssigkeit, wie beispielsweise Sojamilch oder Mandelmilch.

Anschließend kann man den Pudding über Nacht in den Kühlschrank stellen. Dies führt dazu, dass sich auch der Phytinsäuregehalt der Chia-Samen verringert und leckere Gewürze, wie beispielsweise Vanille, Zimt oder Zitronenschalen besonders gut von diesem Pudding aufgenommen werden und ein intensives Aroma erzeugen.

REZEPTE

Die Anzahl der Portionen ist in den Rezepten angegben. Sollte keine Portionsmenge angegeben sein, ist das Rezept für eine Portion ausgelegt.

Dips / Aufstriche / Soßen

Guacamole

Zutaten für 4 Portionen:

3 Avocados, ohne Kern und grob zerkleinert
Saft von 1 Limette
1 Bund Koriander (30 g) gehackt
1 rote Chilischote, in Scheiben geschnitten, ohne Samen
3 EL fein gehackte rote Zwiebel
Salz

Zubereitung:

Die Avocados mit dem Limettensaft pürieren. Den Koriander hinzufügen, die Chilischote und die rote Zwiebel unterheben und die Guacamole mit Salz abschmecken. In einer kleinen Schale servieren.

Auberginen-Creme (Babaganoush)

Zutaten:

1 Aubergine
1 Knoblauchzehe
2 EL frisch gepresster Zitronensaft
3 EL Tahin
Meersalz
1-2 EL Olivenöl
1 EL grob gehackte Petersilie

Zubereitung:

Die Aubergine im Ganzen grillen. Die Aubergine über der Gasflamme (oder unter dem vorgeheizten Backofengrill) immer wieder wenden, bis sie mehr oder weniger rundum angekohlt und weich ist. Dann unter fließendem kaltem Wasser abschrecken. Die Haut abziehen. Die Aubergine mit Knoblauch, Zitronensaft und Tahin in einen Küchenmixer geben und pürieren. Mit Salz abschmecken. Einige Tropfen Olivenöl unter die Creme rühren. Die Creme in eine kleine Schüssel geben und die gehackte Petersilie darüber streuen.

Olivenpaste

Zutaten für etwa 350 ml:

400 g schwarze Oliven (entsteint)
2 Knoblauchzehen zerdrückt
2 EL eingelegte Kapern (abgetropft)
2 TL gehackter Thymian
2 TL Dijonsenf
1 EL Zitronensaft
60 ml Olivenöl
1 EL Weinbrand (nach Belieben)

Zubereitung:

Oliven, Knoblauch, Kapern, Thymian, Dijonsenf, Zitronensaft, Olivenöl und Weinbrand in einer Küchenmaschine zu einer glatten Paste pürieren. Mit Salz und Pfeffer aus der Mühle abschmecken. In ein sterilisiertes Schraubdeckelglas füllen und mit einer Schicht Olivenöl bedecken. Das Glas verschließen.

Spinatcreme

Zutaten für 375 ml:

400 g Blattspinat
30 g Kokosöl
½ TL gemahlener Koriander
1 Prise Cayennepfeffer
2 Frühlingszwiebeln (in Ringe geschnitten)
1 Knoblauchzehe
50 g abgezogene Mandeln
2 TL Weißweinessig
125 g Soja Cuisine

Zubereitung:

Den Blattspinat tropfnass in einem geschlossenen Topf bei starker Hitze zusammenfallen lassen. In einem Sieb abtropfen lassen; 60 ml von der Garflüssigkeit aufbewahren. Den Spinat abkühlen lassen; überschüssige Flüssigkeit herausdrücken. Kokosöl in einem kleinen Topf zerlassen. Koriander, Cayennepfeffer, Frühlingszwiebeln, Knoblauch und Mandeln hinzufügen. Alles braten, bis die Frühlingszwiebeln weich sind. Abkühlen lassen. Zuerst die Gewürz-Mandel-Mischung in der Küchenmaschine fein zerkleinern, dann den Spinat hinzufügen.

Alles pürieren, dabei nach und nach die aufgefangene Garflüssigkeit und den Essig zugeben. Soja Cuisine unter die Spinatcreme rühren. Mit Salz und Pfeffer aus der Mühle abschmecken.

Tomatenketchup

Zutaten für 3 Gläser à 300 ml (ca. 18 Portionen):

2 kg reife Tomaten
4 Zwiebeln
50 g Ingwer
4 Knoblauchzehen
2 kleine rote Chilischoten
2 Gewürznelken
je 2 TL Fenchel- und Koriandersamen
Salz
schwarzer Pfeffer aus der Mühle
250 ml Rotweinessig
1 Spritzer Süßstoff

Zubereitung:

Die Tomaten waschen und würfeln. Zwiebeln schälen und würfeln, Ingwer und Knoblauch schälen und fein hacken. Chilischoten putzen, waschen und mit den Kernen in Ringe schneiden. Die Gewürze im Mörser grob zerstoßen. Mit Tomaten, Zwiebeln, Ingwer, Knoblauch und Chilischoten in einen Topf geben, salzen und pfeffern. Essig und Süstoff dazugeben. Alles aufkochen und offen bei schwacher Hitze ca. 30 Minuten kochen lassen. Das Gemüse pürieren und durch ein Sieb streichen.

Den Ketchup offen bei mittlerer Hitze 10 Minuten einkochen lassen. Randvoll in saubere Flaschen füllen, verschließen (Haltbarkeit: 3 Monate im Kühlschrank).

Auberginen-Paprikamark

Zutaten für 2 Gläser à 300 ml:

500 g rote Paprikaschoten
500 g Auberginen
Salz
Pfeffer
2 TL frisch gepresster Zitronensaft

Zubereitung:

Paprikaschoten halbieren, entkernen und waschen. Auberginen waschen, putzen und halbieren. Beides mit der Hautseite nach oben auf ein Blech legen. Unter dem vorgeheizten Backofengrill ca. 15 Minuten rösten, bis die Haut schwarz wird und Blasen wirft. Paprikahälften etwas abkühlen lassen, dann die Haut abziehen. Auberginenfleisch aus der Schale löffeln. Paprika und Aubergine fein pürieren, mit Salz, Pfeffer und Zitronensaft würzen. In einem Topf offen bei schwacher Hitze ca. 5 Minuten einkochen lassen, ab und zu umrühren. Das Mark in saubere Twist-off-Gläser füllen und sofort verschließen (Haltbarkeit: ca. 2 Wochen an einem kühlen Ort). Das Mark als Grundlage für Saucen, Quarks, Dips oder Brotaufstriche verwenden.

"Sour Cream" auf Mandelbasis

Zutaten:

200 g ganze Mandeln
200 ml Wasser
4 EL Zitronensaft
1 EL Kokosöl –
2 TL Apfelessig
½ Tl Salz

Zubereitung:

Die Mandeln über Nacht einweichen lassen, anschließend abtropfen lassen. Die Mandeln mit allen übrigen Zutaten und 200 ml Wasser in einen Mixer geben. Zunächst bei niedriger Stufe mixen und langsam hochdrehen. Auf jeder Stufe ca. 2-3 Sekunden mixen. Solange mixen, bis das Messer leerdreht. Den Mixvorgang solange wiederholen, bis eine sehr sämige Creme entsteht. Sollte die Konsistenz der Creme zu dick sein, löffelweise Wasser hinzugeben. Anschließend die Creme abschmecken. Zuletzt die Creme im Mixer nochmals ca. 30 Sekunden auf höchster Stufe mixen. Die Soucream hält sich ca. 5 Tage im Kühlschrank. Als Alternative kann man die Sourcream statt mit Mandeln auch mit Cashewkernen zubereiten.

Rote-Paprika-Salsa

Zutaten für 4 Personen:

1 rote Paprikaschote (Stielansatz, Samen und Scheidewände entfernt, grob gehackt)
1 rote Zwiebel (grob gehackt)
1-2 Tomaten (grob gehackt)
etwa 1 EL Tomatenmark
Tabascosauce
Salz

Zubereitung:

Die Paprikaschote, die Zwiebel und die Tomaten in einem Küchenmixer oder mit einem Stabmixer grob zerkleinern. Mit dem Tomatenmark abschmecken und mit 1-2 Tropfen Tabascosauce sowie etwas Salz abschmecken. In einer kleinen Schüssel servieren.

Austernpilzaufstrich

Zutaten:

260 g Austernpilze
3-4 EL Olivenöl
40 g pflanzliche Margarine (Alsan)
Salz
1 Zweig Rosmarin
20 g Hefeflocken

Zubereitung:

Die Austernpilze putzen. Das Olivenöl und die Margarine erhitzen und die Pilze darin knusprig braten. Mit einem Messer grob schneiden, salzen und vom Herd nehmen, mit Rosmarinblättern würzen und mit den Hefeflocken abbinden. Auskühlen lassen und bis zum Bestreichen im Kühlschrank lagern.

Kokosnuss-Chutney

Zutaten:

30 g Ingwer
40 g Kokosflocken
je 1 TL schwarze und gelbe Senfsamen
300 ml Kokosmilch
Saft von ½ Zitrone
Salz

Zubereitung:

Den Ingwer schälen und hacken. Die Kokosflocken und die Senfsamen in einem kleinen Topf bei mittlerer Hitze 2 Minuten anrösten. Mit der Kokosmilch ablöschen und mit Zitronensaft und Ingwer würzen. Salzen und 8 Minuten bei ganz kleiner Hitze köcheln lassen.

Avocadocreme

Zutaten:

1 Avocado
2 EL Olivenöl
Saft von ½ Mandarine
Salz

Zubereitung:

Die Avocado halbieren, entsteinen und das Fruchtfleisch mit einem Löffel herauskratzen. In eine kleine Schüssel geben. Olivenöl, Salz und Mandarinensaft dazugeben und mit einer Gabel zu einer groben Paste zerdrücken.

Sour Creme auf Tofubasis

Zutaten:

100 g Tofu
3 Acidophilus-Kapseln
30 ml Wasser (oder Saft von ½ Zitrone)
Salz

Zubereitung:

Den Tofu abtropfen lassen. Die Acidophilus-Kapseln öffnen und das Pulver zum Tofu geben. Zitronensaft oder 30 ml Wasser und Salz beifügen und alles glatt pürieren (schmeckt noch besser, wenn man es am Vorabend zubereitet).

Tofu-Aufstrich

Zutaten für 4 Portionen

150 g festen Tofu
2 EL Sojadrink natur
2 EL Ajvar
1 EL Olivenöl
1-2 EL Rotweinessig
1 TL Rosenpaprika
Salz
Pfeffer

Zubereitung:

150 g festen Tofu klein schneiden und mit 2 EL neutralem Sojadrink, 2 EL Ajvar (scharfe Paprikapaste) und 1 EL Olivenöl fein pürieren. Mit 1-2 TL Rotweinessig, 1 TL rosenscharfem Paprikapulver, Salz und Pfeffer würzen. Haltbarkeit: gekühlt bis zu 5 Tage.

Grüne Olivencreme:

Zutaten für 4 Portionen

1 EL kleine Kapern
30 g grüne Oliven ohne Stein
1 EL Kürbiskerne
1 EL Olivenöl
1 TL Kürbiskernöl
2 EL Soja Cuisine
1 EL frisch gepressten Zitronensaft
1 EL gehackte Petersilie
Salz
Pfeffer

Zubereitung:

1 EL kleine Kapern abtropfen lassen. 30 g grüne Oliven ohne Stein, 1 EL Kürbiskerne, 1 EL Olivenöl, 1 TL Kürbiskernöl, 2 EL Soja Cuisine und 1 EL frisch gepressten Zitronensaft mit Kapern fein pürieren. 1 EL gehackte Petersilie unterheben. Salzen und pfeffern. Haltbarkeit: gekühlt 5-6 Tage.

Rote-Bete-Meerrettich-Aufstrich

Zutaten für etwa 15 Portionen:

110 g Rote Bete (geschält und grob gehackt)
2 Äpfel (grob gewürfelt)
20 g Meerrettich (geschält und grob gehackt)
175 g Sonnenblumenkerne (gekeimt)
100 ml Mandelmilch
2 EL Mandelmus
Saft von ½ Zitrone
¼ TL frisch gemahlener Pfeffer
½ TL Kristallsalz

Zubereitung:

Alle Zutaten in die Küchenmaschine geben und zu einem feinen Aufstrich verarbeiten.

Tomatensalsa

Zutaten für 4 Personen:

12-15 Kirschtomaten (geviertelt)
1 rote Zwiebel (so fein wie möglich gehackt)
2 EL Koriander (frisch gehackt)
2 TL Schnittlauch (fein geschnitten)
3-4 EL Olivenöl
abgeriebene Schale und Saft von 2 Limonen
3 Tropfen Süßstoff
1 große rote Chilischote (entkernt, fein gehackt)
1 Knoblauchzehe (fein gerieben)
1 Prise Meersalz
schwarzer Pfeffer (frisch gemahlen)

Zubereitung:

Alle Zutaten in einer Schüssel gut mischen und abschmecken.

Hauptgerichte

Blumenkohl-Fladen

Zutaten für 8 Stück:

1/4 Blumenkohl (in Röschen geschnitten)
60 g Sojamehl
1 TL Backpulver
60 g Käseersatz
½ TL Muskatnuss
½ TL getrocknete rote Chilischoten
Salz und schwarzer Pfeffer
2 EL Sojamehl
1 EL Pflanzenöl
500 ml Pflanzenöl zum Braten

Zubereitung:

Die Blumenkohlröschen weich (aber nicht matschig) kochen, schließlich sollen die Puffer noch etwas Biss haben. Die Röschen unter kaltem Wasser abschrecken, damit der Garvorgang gestoppt wird. In kleine Stücke hacken und in eine Schüssel geben. Das Mehl und das Backpulver in eine Schüssel sieben.

Käseersatz, Muskatnuss und Chili hinzugeben, salzen und pfeffern. 2 EL Sojamehl mit 1 EL Pflanzenöl verrühren und zu der Masse geben. Das Ganze mit einem Holzlöffel langsam verrühren, bis alles gut vermischt ist und sich die meisten Klümpchen aufgelöst haben. Den Blumenkohl sorgfältig unterheben. Das Öl auf 170°C erhitzen – vorzugsweise in der Fritteuse. Ein hoher Topf funktioniert aber auch. Die Blumenkohlmischung löffelweise in das heiße Öl gleiten lassen. Achtung, hierbei kann es spritzen! Die Puffer goldbraun frittieren, auf Küchenpapier abtropfen lassen, mit Salz und Pfeffer bestreuen und heiß servieren.

Sellerieauflauf

Zutaten:

vegane Margerine zum Einfetten
2 Sellerieknollen (geschält)
200 ml Sojasahne
50 g vegane Margerine
2 Knoblauchzehen (geschält, dünn geschnitten)
2 Thymianzweige (nur die Blätter)
Salz und schwarzer Pfeffer

Zubereitung:

Den Ofen auf 180 °C (Gas Stufe 4) vorheizen. Eine 5 cm hohe Auflaufform sorgfältig einfetten. Die Sellerieknollen in hauchdünne Scheiben schneiden. Die Sahne und die Margerine in einem Topf aufkochen lassen und dann vom Herd nehmen. Eine Schicht der Creme in die Auflaufform geben. Darauf eine Schicht Sellerie verteilen und diese mit etwas Knoblauch und Thymian bestreuen. Eine weitere Schicht Creme darauf geben, das Ganze mit Salz und Pfeffer bestreuen und den Vorgang wiederholen. Es sollten insgesamt 4-5 Schichten werden. Nach jeder Schicht alles gut andrücken. Als Letztes noch einmal eine Schicht Creme oben aufgeben und diese mit Salz und Pfeffer sowie Thymian bestreuen.

Die Auflaufform 1-1 ½ Stunden in den Ofen stellen. Falls die Oberseite zu dunkel wird, mit Alufolie oder Backpapier abdecken. Mit einem Messerstich in die Mitte prüfen, ob der Sellerie weich ist, und den Auflauf ganz heiß servieren.

Kalte Gurkensuppe

Zutaten für 4 Personen:

150 g gemahlene Mandeln
2 Scheiben Proteinbrot
3 Gurken (geschält, längs halbiert, entkernt)
1 Knoblauchzehe (zerdrückt oder gerieben)
2 EL Sojasahne
Saft von 1 Zitrone,
Salz
schwarzer Pfeffer (frisch gemahlen)
Zum Garnieren: Olivenöl, Mandelblättchen (geröstet)

Zubereitung:

Die Mandeln mit dem eingeweichten Brot kräftig durchmixen. Das Einweichwasser aufheben. Die Gurke grob schneiden und mit dem Knoblauch im Mixer glatt mixen. Die Crème fraîche und das Einweichwasser zugeben und noch einmal durchmixen. Mit Zitronensaft, Salz und Pfeffer abschmecken und kalt stellen. Vor dem Servieren mit Olivenöl beträufeln und mit gerösteten Mandelblättchen bestreuen. Dazu passt Vollkorntoast.

Gemüsecurry mit Tofu

Zutaten für 2 Personen:

200 g fester Tofu
1 EL dunkles Sesamöl
1 rote Paprikaschote
2 Frühlingszwiebeln
100 g Brokkoli
200 g Mangold
75 g Shiitakepilze
2 EL Erdnussöl
1 TL gelbe Currypaste
80 ml ungesüßte Kokosmilch
Salz
Pfeffer

Zubereitung:

Den Tofu in 1-2 cm große Würfel schneiden, mit dem Sesamöl mischen. Paprikaschote halbieren, entkernen, waschen und in Streifen schneiden. Frühlingszwiebeln putzen, waschen und in 1-2 cm breite Stücke schneiden. Brokkoli waschen, putzen und in Röschen teilen. Mangold waschen und putzen, die Stiele in feine, die Blätter in ca. 2 cm breite Streifen schneiden. Pilze abreiben, Stiele entfernen und die Kappen halbieren.

1 EL Erdnussöl im Wok erhitzen, den Tofu darin in 2-3 Minuten scharf anbraten, herausnehmen und warm halten. Übriges Erdnussöl erhitzen, Paprika, Brokkoli und Mangoldstiele darin unter Wenden 4-5 Minuten braten. Frühlingszwiebeln, Pilze und Mangoldblätter zugeben und 1-2 Minuten mitbraten. Currypaste unterrühren, Kokosmilch dazugießen und offen 1-2 Minuten einkochen lassen, dann salzen und pfeffern. Curry anrichten und den Tofu daraufgeben. Basmati-Naturreis (40 g Rohgewicht pro Person) schmeckt dazu.

Gefüllte Ofen-Avocados

Zutaten für 4 Personen:

2 große reife Avocados
4 Frühlingszwiebeln gehackt
1 TL Currypulver
60 g gesalzene Macadamia- oder Cashewkerne
100 g Käseersatz gewürfelt
Salz und frisch gemahlener schwarzer Pfeffer
4 EL Sojaflocken

Zubereitung:

Den Backofen auf 220°C (Umluft 200°C) vorheizen. Die Avocados halbieren, den Kern herausnehmen und das Fruchtfleisch mit einem TL vorsichtig herauslösen, damit die Schale nicht beschädigt wird. Das Fruchtfleisch grob würfeln. Die gehackte Frühlingszwiebel mit dem Currypulver, den Nüssen und dem Käseersatz zum Avocadofleisch geben. Mit Salz und Pfeffer würzen. Die Mischung zurück in die Avocadohälften füllen. Die Sojaflocken darüberstreuen und die Avocados ohne Deckel in eine flache Auflaufform setzen. Im Backofen 10-15 Minuten backen, bis die Avocados richtig heiß und oben goldbraun sind. Sofort servieren.

Gebackene Auberginen in Tomatensauce

Zutaten für 4 Personen:

2 mittelgroße Auberginen
Olivenöl
Salz
frisch gemahlener schwarzer Pfeffer
200 g veganer Mozzarella (in Scheiben geschnitten)

Für die Tomatensauce:
1 EL Olivenöl
2 Zwiebeln gehackt
4 Knoblauchzehen fein gehackt
2 Dosen stückige Tomaten (à 400 g)

Zubereitung:

Den Backofengrill vorheizen. Die Auberginenscheiben auf beiden Seiten mit Olivenöl einstreichen. Die Scheiben nebeneinander auf ein Backblech legen. Eventuell portionsweise unter dem Backofengrill von beiden Seiten je etwa 3 Minuten backen, bis sie weich, aber nicht gebräunt sind.

In der Zwischenzeit die Sauce zubereiten. Das Öl in einem Topf erhitzen, die Zwiebel hineingeben und zugedeckt etwa 8 Minuten fast weich braten. Den Knoblauch hinzufügen und 2 Minuten mitbraten. Dann die Tomatenstücke in den Topf geben und die Sauce ohne Deckel 10 Minuten lebhaft köcheln lassen, bis sie stark eingedickt ist.

Die Auberginenscheiben mit Salz und Pfeffer würzen und in eine flache Auflaufform setzen. Die Tomatensauce darüber verteilen und darauf wiederum die Mozzarellascheiben legen. Im Backofen etwa 10 Minuten überbacken. Der Käse sollte geschmolzen und oben goldbraun sein.

Tomaten-Pesto-Tarte

Zutaten für 4 Personen:

Für den Walnussteig:

200 g Sojamehl
½ TL Salz
8 EL kalt gepresstes Rapsöl
50 g Walnusskerne (grob gehackt)

Für die Füllung:
2-3 EL Olivenöl
2 große Zwiebeln (in feine Ringe geschnitten)
3 EL Pesto
600 g reife Tomaten (in dünne Scheiben geschnitten)
Salz
frisch gemahlener schwarzer Pfeffer
einige frische Basilikumblätter zum Servieren

Zubereitung:
Den Backofen auf 220°C (Umluft 200°C) vorheizen. Für den Teig Mehl und Salz in eine Schüssel geben. Das Öl und 2 EL Wasser dazugeben und alles vorsichtig mit einer Gabel zu einem kompakten Teig mischen. Dann die Walnusskerne unterheben. Den Teig mit den Fingern möglichst gleichmäßig auf dem Boden einer Tarteform verteilen.

Am Rand ein wenig nach oben drücken, wobei es kein richtiger Rand werden muss. Die Form in den Backofen schieben – Beschweren mit Hülsenfrüchten ist nicht nötig – und den Boden 6-8 Minuten backen. Aus dem Backofen nehmen.

Inzwischen 1 EL Olivenöl in einem Topf erhitzen und die Zwiebelringe darin zugedeckt 10-15 Minuten garen. Das Pesto über den Teig träufeln und die Zwiebeln gleichmäßig darüber verteilen. Dann die Tarte mit den Tomatenscheiben vollständig bedecken. Salzen, etwas schwarzen Pfeffer darübermahlen und mit dem restlichen Olivenöl beträufeln. Die Tarte im Backofen 8-10 Minuten backen, damit die Tomaten etwas garen. Mit frischem Basilikum garniert servieren.

Gegrillte Auberginen

Zutaten für 4 Personen:

2 mittelgroße Auberginen (in etwa 6 mm dicke Scheiben geschnitten)
450 g Käseersatz (in Scheiben geschnitten, etwas dicker als die Auberginen)
2-3 EL Olivenöl
4 EL gehackte Minzeblätter

Für die Balsamessig-Marinade:

1 EL Shoyu-Sojasauce
1 EL Ahornsirup
2 EL Balsamessig
3 EL Rapsöl
1 große Knoblauchzehen zerdrückt
1 gute Prise Cayennepfeffer
frisch gemahlener schwarzer Pfeffer

Zubereitung:

Für die Marinade sämtliche Zutaten vermischen. Eventuell den Backofengrill vorheizen. Die Auberginenscheiben in eine Auflaufform legen und die Marinade darübergießen, sodass die Scheiben rundum gut bedeckt sind.

Werden die Auberginen im Backofen gegrillt, können sie in der flachen Form bleiben. Ansonsten aus der Form nehmen und auf einem feinmaschigen Rost auf den Grill legen. Grillen Sie die Auberginen etwa 10 Minuten auf beiden Seiten, bis sie schön weich sind.

Inzwischen die Ersatzkäsescheiben mit Olivenöl bestreichen und in einer Grillpfanne auf beiden Seiten etwa 3 Minuten grillen, bis sie braune Streifen haben. Oder in einer normalen Pfanne ohne Fett 1-2 Minuten braten, bis sie leicht gebräunt sind. Die gegrillten Auberginenscheiben auf eine große Platte legen. Falls Marinade übrig ist, diese über die Auberginen gießen. Mit den Ersatzkäsescheiben belegen und mit der gehackten Minze bestreut servieren.

Blumenkohl-Käse-Auflauf

Zutaten für 4 Personen:

1 Blumenkohl (geputzt und in 1 cm große Stücke geschnitten)
Salz
200 g veganer Hefe- oder Sojaaufstrich
1 EL Dijonsenf
100 g Hefeflocken (gerieben)
1-2 EL Kapern (abgespült und abgetropft)
250 g Kirschtomaten (halbiert)
frisch gemahlener schwarzer Pfeffer
3-4 gehäufte EL Sojaflocken (grob)

Zubereitung:

Den Backofengrill auf hoher Stufe vorheizen. In einem Topf 5 cm hoch Salzwasser einfüllen und aufkochen. Den Blumenkohl darin etwa 8 Minuten garen. Anschließend abgießen und den Blumenkohl zurück in den warmen Topf geben. Den Aufstrich und den Senf mit dem Blumenkohl vermengen, dann zwei Drittel der Hefeflocken, die Kapern und die Tomaten unterrühren. Gegebenenfalls mit etwas Salz und viel Pfeffer würzen. Die Mischung in eine flache Auflaufform füllen.

Die Sojaflocken und das restliche Drittel der Hefeflocken darüberstreuen. Den Blumenkohl 10-15 Minuten unter dem Backofengrill überbacken, bis die Oberfläche goldbraun und das Innere heiß ist und blubbert. Sofort servieren – ein Brunnenkressesalat oder kurz gegarte grüne Bohnen schmecken sehr gut dazu.

Überbackene Zucchini

Zutaten für 4 Personen:

2 Zucchini
40 g Kürbiskerne
60 g Sonnenblumenkerne
1 Bund Basilikum
70 g Tofu
Salz
3 Strauchtomaten
1 TL getrockneter Oregano
3 EL Olivenöl

Zubereitung:

Den Backofen auf 190°C vorheizen. Die Zucchini putzen, waschen und in 4 cm breite Stücke schneiden. Aus der Mitte der Stücke das Fruchtfleisch mit einem Apfelausstecher herauslösen. Die Zucchiniringe aufrecht in eine runde Backform (ca. 20 cm Durchmessser) setzen. Das ausgelöste Zucchinifruchtfleisch mit Kürbis- und Sonnenblumenkernen, Basilikumblättchen und Tofu zu einer feinen Creme pürieren und mit Salz abschmecken. Die Creme in einen Spritzbeutel füllen und in die Zucchiniringe spritzen.

Die Strauchtomaten waschen, halbieren und den Strunk herausschneiden. Die Tomaten in kleine Würfel schneiden und mit Oregano, Olivenöl und Salz würzen. Die Tomaten um die Zucchini verteilen und alles im vorgeheizten Ofen 15 Minuten garen.

Spinat-Tofu-Curry

Zutaten:

1 kleine Aubergine
1 Karotte
2 Champignons
2 Tomaten
3 EL Olivenöl
1 TL Cumin (Kreuzkümmel)
1 TL Koriandersamen
Salz
100 g Tofu
400 g frischer Spinat

Zubereitung:

Das Gemüse waschen und die Karotten schälen. Aubergine, Karotte, Pilze und Tomaten in kleine Würfel schneiden. Das Öl erhitzen und das Gemüse anbraten. Cumin und Koriander zugeben, salzen und zugedeckt etwa 5 Minuten garen. Das Gemüse mit einem Pürierstab etwas zerkleinern. Den Tofu würfeln, unterheben und bei kleiner Hitze weitere 10 Minuten garen.

Den Spinat waschen, putzen und unter das heiße Gemüse heben, vom Herd nehmen und den Spinat durch die Hitze des Gemüses garen lassen. Noch einmal mit Salz abschmecken.

Kokos-Kichererbsen-Curry

Zutaten für 4 Personen:

50 g Kichererbsen (über Nacht in kaltem Wasser eingeweicht)
600 ml Kokosmilch
Salz
Saft von 3 Zitronen
½ Hokkaidokürbis
¼ Blumenkohl
2 kleine Zucchini

Zubereitung:

Die Kichererbsen abgießen und in einem Topf mit frischem Wasser bedeckt gut 2 Stunden gar kochen. Die Kokosmilch erhitzen. Mit Salz und Zitronensaft würzen und langsam zum Kochen bringen. Den Kürbis waschen, mit einem Löffel entkernen, in grobe Würfel schneiden. Den Blumenkohl waschen und in Röschen teilen. Die Zucchini putzen, waschen und in ½ cm dicke Scheiben schneiden. Kürbis, Blumenkohl und Zucchini in die Kokosmilch geben und 10 Minuten köcheln lassen.

Blumenkohlcurry mit Tofu

Zutaten für 4 Portionen:

1 Blumenkohl (etwa 750 g)
1 Zwiebel
2 Knoblauchzehen
2 kleine rote Chilischoten
2 EL Kokosöl
1 TL Meersalz
2 EL Currypulver
1 TL Kurkuma
500 ml Gemüsebrühe
250 g Zuckerschoten
400 g Tofu
2-3 EL Zitronensaft
2 EL Kokosflocken

Zubereitung:

Blumenkohl putzen, waschen, in Röschen zerteilen und den Strunk in kleine Würfel schneiden. Zwiebel und Knoblauchzehen abziehen und sehr fein hacken. Chilischoten waschen, längs aufschlitzen, Kerne herauskratzen. Die Chilis fein würfeln. Öl in einem Topf erhitzen. Zwiebeln, Knoblauch, Chili, Salz, Curry und Kurkuma darin 3 Minuten anbraten.

Mit der Brühe ablöschen, zum Kochen bringen, den Blumenkohl zugeben und zugedeckt bei sanfter Hitze 15 Minuten garen. Die Zuckerschoten waschen, abtropfen lassen, falls Fäden vorhanden, abziehen. Den Tofu in etwa 3 cm lange, dünne Streifen schneiden. Zuckerschoten und Tofu 3 Minuten vor Ende der Garzeit zum Blumenkohl geben. Das Curry mit Zitronensaft abschmecken. Mit Kokosflocken bestreuen und servieren.

Papayasalat

Zutaten für 2 Portionen:

300 g Papaya
300 g Salatgurke
30 g Sprossen
2 EL Kokosraspel

Für das Dressing:

1 Limette
1 TL geriebener Ingwer
6 Minzeblättchen
2 EL Kokosöl
2 EL Orangensaft
Salz und weißer Pfeffer

Zubereitung:

Die Papaya schälen, halbieren und die Kerne mit einem TL herausschaben. Das Fruchtfleisch in mundgerechte Stücke schneiden. Die Gurke schälen, halbieren, aushöhlen und in mundgerechte Würfel schneiden. Die Sprossen kalt abbrausen, abtropfen lassen. Papaya, Gurke und Sprossen mischen. In einer beschichteten Pfanne die Kokosraspel ohne Fett rösten, bis sie goldbraun sind. Die Limette auspressen.

Die Minze waschen, trocken tupfen, die Blättchen abzupfen und fein schneiden. Alles vermengen und mit dem Kokosöl und dem Orangensaft im Vinaigretteshaker schütteln. Das Dressing über den Salat träufeln. Nach Geschmack mit etwas Salz und Pfeffer würzen. Mit den Kokosraspeln bestreuen.

Fenchelsalat

Zutaten für 2 Portionen:

3 kleine Fenchelknollen
1 rosa Grapefruit

Für das Dressing:

2 EL Aceto balsamico bianco
1 EL Orangensaft
½ TL Dijon-Senf
2 EL Kokosöl
Salz und schwarzer Pfeffer

Zubereitung:

Die Stängel und das Blattgrün vom Fenchel abschneiden. Die Fenchelknollen waschen und der Länge nach in Scheiben schneiden. Die Grapefruit mitsamt der weißen Haut schälen. Die Fruchtspalten lösen und in Würfel schneiden. Mit den Fenchelstreifen und den Grapefruitfilets locker mischen. Essig, Orangensaft und Senf verquirlen. Das Öl unterschlagen. Unter den Salat heben und mit Salz und Pfeffer abschmecken.

Kohlrüben-Gratin

Zutaten für 4 Portionen:

600 g geschälte, in Scheiben geschnittene Kohlrübe
500 ml Gemüsebrühe
2 Zucchini
1 Apfel
Pfeffer und Salz
200 g Sojasahne
1 Handvoll Wallnüsse
Thymian

Zubereitung:

600 g geschälte, in Scheiben geschnittene Kohlrübe in etwas Brühe knapp gar kochen, dann mit Scheiben von 2 Zucchini und einem Apfel in eine gefettete Auflaufform geben, pfeffern und salzen 200g Sojasahne mit 1 TL Brühe kurz erwärmen, über den Auflauf geben, mit 2 El Öl einpinseln und mit einer Handvoll Walnüssen oder Salatkernen und getrocknetem Thymian bestreuen. 25 Min bei 200°C Ober/Unterhitze backen.

Gemüsepfanne mediterran

Zutaten:

1 Zwiebel und eine kleine Knoblauchzehe gewürfelt
1 kleine Karotte
200 g Champignons
1 Zucchino
je 1/2 gelbe und rote Paprikaschote, in kleine Stücke geschnitten
1 Dose stückige Tomaten
1 EL Kapern
ital. Kräuter
Pfeffer Salz Gemüsebrühe instant
200 g Käseersatz
etwas Olivenöl

Zubereitung:

Zwiebelwürfel in etwas Olivenöl andünsten, wenn sie etwas Farbe angenommen haben, Zucchini- und Karottenstücke dazugeben und ca. 5 Min mit braten. Paprika- und Champignonstücke zugeben, weitere 5 Min braten. Dosentomaten und Kapern dazugeben, würzen und etwas einkochen. Fetakäse in Stücken darauf streuen, Deckel auflegen und gar ziehen lassen. Zum Schluss noch einige Oliven darauf geben.

"Hackbraten"

Zutaten für 6 Scheiben:

200 g Sojagranulat (trocken)
50 g Tomatenmark
10 g Sojamehl
15-20 g Olivenöl
Gemüsebrühe
Kräuter und Gewürze

Zubereitung:

Lassen Sie die Sojakörner in einer großen Schüssel in heißer Gemüsebrühe für ca. 10 Minuten einweichen. Bedecken Sie die Körner gerade ausreichend mit der Brühe, damit Sie nicht zu viel wegschütten müssen. Nachdem das Granulat fertig ist, geben Sie alle übrigen Zutaten in die Schüssel dazu, beginnend mit Kräutern und Gewürzen: Salz, Pfeffer, Oregano, Zwiebel- und Knoblauchpulver und Chili. Nach den Gewürzen fügen Sie bitte das Tomatenmark, Olivenöl, Sojamehl hinzu. Vermengen Sie alles mit einer Gabel und machen Sie es zu einem Brei. Probieren Sie die Mischung und wenn Sie sie für gut befinden, füllen Sie sie in eine Kastenform.

Beachten Sie: der Laib wird seinen Geschmack kaum mehr ändern, wenn Sie ihn backen, verwenden Sie also ausreichend Kräuter und Gewürze! Drücken Sie die Mischung ganz fest in die Form, sodass sie zusammenhält und nicht auseinanderfällt.

Stellen Sie sie in den Ofen bei 200° Celsius für ca. 30-40 Minuten. Die Oberfläche wird sich in eine schöne braune und knusprige Kruste verwandeln. Wenn sie fertig ist, nehmen Sie sie aus dem Ofen und lassen sie stehen und abkühlen!

Nuss-Mix mit Tomaten

Zutaten für 3 Portionen:

180 g Mandeln (eingeweicht)
150 g Sonnenblumenkerne (eingeweicht)
50 g Pekannüsse (eingeweicht)
1 TL Kurkumapulver
¼ TL Salz
¼ TL frisch gemahlener Pfeffer
2 Msp. frisch geriebene Muskatnuss
100 g Tomaten (fein gewürfelt)
je 2 EL fein gehackte Petersilie und Schnittlauch
einige Salatblätter nach Geschmack

Zubereitung:

Mandeln, Pekannüsse, Sonnenblumenkerne und die Gewürze in die Küchenmaschine geben und in Intervallen hacken, bis die Masse eine fein gehackte Konsistenz erreicht. Die Masse in eine Schüssel geben und die Tomatenwürfel sowie die Kräuter untermengen. Die Salatblätter als Salatbett auf drei Tellern ausbreiten und die Nussmasse darauf anrichten.

Gemüsepfanne

Zutaten für 2 Personen:

1 mittelgroße gelbe Paprikaschote
1 Bund Frühlingszwiebeln
150 g Kirschtomaten
1 rote Zwiebel
2 Knoblauchzehen
8 Stiele Kerbel
2 EL Olivenöl
Salz
Pfeffer
50 g Hefeflocken

Zubereitung:

Die Paprikaschote halbieren, entkernen, waschen und in ca. 2 cm große Rauten oder Streifen schneiden. Frühlingszwiebeln waschen, putzen und schräg in ca. 2 cm breite Stücke schneiden. Tomaten waschen, halbieren und die Stielansätze entfernen. Zwiebel und Knoblauch schälen und fein würfeln. Kerbel abbrausen und trocken schütteln, die Blätter hacken. Das Öl in einer großen Pfanne erhitzen, Zwiebel und Knoblauch darin glasig dünsten, Paprikaschote und Frühlingszwiebeln dazugeben und unter Wenden ca. 3 Min. mitdünsten. Salzen und pfeffern. Tomaten und die Hälfte des Kerbels unterheben.

Den Käse fein raspeln. Die Pfanne vom Herd nehmen. Gemüse mit Käse bestreuen und zugedeckt bei schwacher Hitze in ca. 5 Min. garen. Mit übrigem Kerbel und Hefeflocken bestreuen.

Muntermacher

Zutaten für 2 Portionen:

Für den Salat:

175 g Feldsalat
je 2-3 EL fein gehackter Koriander und Kerbel
100 g Fenchel (in feinen Scheiben)
½ Gurke (fein gewürfelt)
1 rote Zwiebel (in feinen Ringen)
je 100 g Himbeeren und Papaya (in mundgerechten Stücken)
2 EL Pinienkerne

Für das Dressing:

2 Orangen
1 Zitrone
je 1 Handvoll Brennessel- und Taubnesselblätter
5 Datteln
½ Avocado
100 ml Mandelmilch
½ Stange Sellerie
1 Msp. Cayennepfeffer
2 TL weißes Miso

Zum Garnieren:

Kresse- und Mungobohnensprossen, essbare Blüten der Saison

Zubereitung:

Alle Zutaten für den Salat auf zwei Tellern anrichten. Für das Dressing alle Zutaten mit dem Mixstab zu einer cremigen Sauce pürieren. Den Salat mit dem Dressing beträufeln und mit den Kresse- und Mungobohnensprossen garnieren.

Mandeltoast

Zutaten für etwa 8 Toasts:

200 g Mandeln (eingeweicht)
500 g Mandeltrester (aus der Mandelmilchherstellung)
100 g Chiamehl (oder Leinsamenmehl)
50 ml frischer Orangensaft
50 ml Karottensaft
50 ml Mandelmilch
1 Prise Kristallsalz

Zubereitung:

Alle Zutaten in die Küchenmaschine geben und zu einem gleichmäßigen Teig verarbeiten. Etwa acht Toastscheiben aus dem Teig formen und auf eine Dörrfolie legen. Im Dörrautomaten bei 42°C in 12 Stunden trocknen, bis der gewünschte Trockengrad erreicht ist. Nach etwa 6 Stunden die Toasts wenden und die Dörrfolie dabei entfernen.

Cremige Tomatensuppe

Zutaten für 2 Portionen:

Für die Suppe:

640 g Tomaten
80 g getrocknete Tomaten (eingeweicht)
3 Datteln (entsteint und eingeweicht)
¼ mittelgroße Zwiebel
10 g Knollensellerie
1 Knoblauchzehe
2 EL Mandelmus
1 TL Paprikapulver
1 ½ TL Kakao- oder Carobpulver
Salz
frisch gemahlener Pfeffer
frisch geriebene Muskatnuss (nach Belieben)
Zum Garnieren: Basilikumblätter

Zubereitung:

Alle Zutaten für die Suppe in den Hochleistungsmixer geben und feincremig pürieren. Die Suppe in Tassen schöpfen und mit Basilikum garnieren.

Zucchini-Pasta mit Erdnuss-Gemüse-Soße

Zutaten für 3 Portionen:

Für die Nudeln:

2 Zucchini

Für die Sauce:

200 ml Kokosmilch
5 EL Erdnussmus
1 Knoblauchzehe
1 Stück Ingwer (etwa ½ cm)
½ Chilischote (fein gehackt)
2 ½ TL Kokosmehl
Saft von 1 Limette
½ TL Reishipulver
Salz, frisch gemahlener Pfeffer

Für die Gemüseeinlage:

1 Handvoll Brokkoli
2 Champignons (in feinen Scheiben)
1 Karotte (in feinen Stiften)
je ½ rote und gelbe Paprikaschote (in feinen Streifen)
1 Lauchstange (etwa 4 cm, in feinen Ringen)

Zum Garnieren:

5 g Erdnüsse
2 EL fein gehacktes Koriandergrün
Sprossen nach Belieben

Zubereitung:

Die Zucchini mit einem Spiralschneider zu Nudeln verarbeiten und in eine große Schüssel geben. Für die Sauce alle Zutaten im Mixer zu einer homogenen Masse verarbeiten, in eine Schüssel geben und das Gemüse für die Gemüseeinlage unterheben. Die Zucchini-Nudeln in drei tiefe Teller geben und die Sauce darüber verteilen. Mit Erdnüssen, Koriander und nach Belieben mit Sprossen garnieren.

Oliven-Petersilien-Salat

Zutaten für 2 Portionen:

80 g schwarze Oliven (ohne Stein, in dünnen Scheiben)
1 Bund Petersilie (fein gehackt)
1 ½ EL schwarze Zwiebelsamen
1 EL ungeschälte Sesamsamen
Saft von 1 Zitrone
1 Spritzer Süßstoff / 1 TL Erythrit
Je 1 Prise frisch geriebene Muskatnuss, Kristallsalz, frisch gemahlener Pfeffer

Zubereitung:

In einer Schüssel alle Zutaten gut vermengen, dann auf zwei Teller verteilen.

Dunkle Miso-Suppe

Zutaten für 2 Portionen:

Für die Suppe:

2 EL dunkles Miso
1 Stück Ingwer (etwa 1 cm)
1 Stück Zitronengras (etwa 2 cm)
1 Knoblauchzehe
3 Walnüsse
50 ml Nama Shoyu (unpasteurisierte Sojasauce)

Für die Einlage:

4 EL Quinoa (gekeimt)
20 g Algen nach Belieben (eingeweicht und fein geschnitten)
¼ rote Zwiebel (fein gehackt)
40 g Wirsing oder Brokkoli (fein gehackt)

Zum Garnieren:

2 EL schwarze Sesamsamen
1-2 EL fein gehacktes Koriandergrün

Zubereitung:

Alle Zutaten für die Suppe zusammen mit 1 l lauwarmem Wasser in den Mixer geben und zu einer feinen Suppe mixen. Als Einlage die Quinoasprossen, Algen, Zwiebel und Wirsing- oder Brokkolistücke unter die Suppe rühren. Diese in zwei Suppenteller schöpfen und mit Sesam und Koriander garnieren.

Helle Miso-Suppe

Zutaten für 2 Portionen:

Für die Suppe:

3 EL helles Miso
1 EL Sesammus
1 Stück Ingwer (etwa 1 cm)
1 Knoblauchzehe

Für die Einlage:

10 g Algen (fein geschnitten)
2 Frühlingszwiebeln (in feinen Ringen)
40 g Romanesco (fein gehackt)

Zum Garnieren:

2 EL helle Sesamsamen
1-2 EL fein gehacktes Koriandergrün

Zubereitung:

Alle Zutaten für die Suppe zusammen mit 750 ml lauwarmem Wasser in den Mixer geben und zu einer feinen Suppe mixen.

Als Einlage die Algen, Frühlingszwiebeln und Romanescostücke unter die Suppe rühren. Diese in zwei Suppenteller schöpfen und mit Sesam und Koriandergrün garnieren.

Sauerkraut-Sprossen-Röllchen

Zutaten für 5 Sushirollen:

5 Noriblätter

Für die Avocadopaste:

2 Avocados
1 Stück Meerrettich (2-3 cm)
2 TL Zitronensaft
1 Msp. Kristallsalz

Für die Füllung:

250 g frisches Sauerkraut (abgetropft)
50 g Alfalfa-Sprossen

Zubereitung:

Für die Avocadopaste alle Zutaten in die Küchenmaschine geben und zu einer feinen Creme verarbeiten. Die Noriblätter auf eine Sushimatte legen und jeweils am unteren Ende mit der Avocadopaste bestreichen. Dann das Sauerkraut und die Sprossen darauf verteilen.

Die Rollen fest nach oben hin aufrollen. Mit einem Tropfen Wasser den oberen Rand benetzen und die Rolle verschließen. Nun mit einem scharfen Messer in Sushischeiben schneiden.

Chicoréesalat

Zutaten für 4 Personen :

3 Chicorée (die Blätter getrennt)
4 Handvoll Rucola
6-8 Stängel Dill (grob gehackt)
1 große oder 2 kleine reife Avocados

Für das Dressing:

1-2 Knoblauchzehen
Salz
4 EL Olivenöl
frisch gepresster Saft von1 Zitrone
1 Spritzer Balsamessig
frisch gemahlener schwarzer Pfeffer

Zubereitung:

Die Chicoréeblätter, den Rucola und den Dill in eine Salatschüssel geben. Die Avocados schälen, den Kern entfernen, die Frucht in Streifen schneiden und in die Schüssel dazugeben. Für das Dressing den Knoblauch schälen, zerdrücken und mit etwas Salz zu eine Paste verrühren. Dann mit dem Öl, dem Zitronensaft und einem Spritzer Balsamessig verrühren.

Gegebenenfalls nochmals mit Salz und Pfeffer abschmecken. Das Dressing in die Salatschüssel geben, vorsichtig mit den Blättern und den Avocadostreifen mischen und den Salat servieren.

Kurkuma-Blumenkohl

Zutaten:

2 1/2 EL Kokosnussöl
1 gehackte Frühlingszwiebel
2,5 cm geschälter und gehackter Ingwer
1 Halm Zitronengras
6 Kaffernlimettenblätter
1 Blumenkohlkopf
1 EL Kurkumapulver
1 Prise Meersalz

Zubereitung:

Wenn Sie den Blumenkohl grillen können, dann entscheiden Sie sich dafür anstatt ihn zu braten. Falls Sie einen Ofen verwenden, stellen Sie ihn auf Braten oder auf Grillen. Schälen Sie das äußere Blatt des Zitronengrases ab und zerstampfen oder zerdrücken Sie das Innere mit einem Holzlöffel und zerhacken Sie es in kleinere 1,25 cm große Stücke. Geben Sie Kokosnussöl, Frühlingszwiebel und Ingwer in einen mittelgroßen Topf. Wenn die Frühlingszwiebel weich geworden ist, fügen Sie Zitronengras und ein Kaffernlimettenblatt hinzu.

Lassen Sie es bei niedriger Temperatur für 30 Minuten oder länger köcheln.

Schneiden Sie den Stamm des Blumenkohlkopfes ab. Schneiden Sie die Röschen vom Stamm ab und zerteilen Sie sie in etwa 3-4 cm große Stücke. Massieren Sie ein wenig Kokosnussöl in den Blumenkohl ein, bestreuen Sie ihn mit Meersalz und stellen Sie ihn in den Ofen. Werfen Sie ein Auge auf den Blumenkohl, da es nicht lange dauern wird, bis er kocht. Wenn der Blumenkohl hellbraun geworden ist, nehmen Sie ihn aus dem Ofen. Seien Sie den Inhalt des Topfes ab und beträufeln Sie damit den Blumenkohl. Streuen Sie Meersalz darauf und durchschwenken Sie es mit Kurkuma, bis jedes Stück hellorange ist.

Spaghettikürbislasagne

Zutaten für 6 Portionen:

1 Spaghettikürbis, halbiert und Kerne entfernt
Öl zum Braten
1 Zwiebel, gehackt
2 EL Knoblauch, fein gehackt
2 Dosen (je 400 g) geschmorte Tomaten
1 EL getrocknetes Basilikum
1 Gemüsebrühwürfel
Pfeffer
1 Dose (425 g) schwarze Oliven, gehackt
100 g geriebener Mozzarellaersatz
80 g Hefeflocken

Zubereitung:

Backofen auf 165 C vorheizen. Ein Backblech mit Öl bestreichen und die Kürbishälften mit der Schnittseite nach unten darauf legen. Kürbis im vorgeheizten Backofen 35 Minuten garen, bis er sich leicht mit einem Messer einstechen lässt. Aus dem Ofen nehmen und abkühlen lassen. Backofen nicht ausschalten. In der Zwischenzeit etwas Öl in eine beschichtete Pfanne geben und Zwiebel und Knoblauch auf auf mittlerer Stufe goldbraun anschwitzen.

Tomaten, Basilikum, Brühwürfel und Pfeffer dazugeben und ca. 15 Minuten köcheln, bis die Soße leicht angedickt ist. Kürbisfasern mit einer Gabel herauslösen und in eine Schüssel geben. Schale aufbewahren und einen Löffel der Tomatensoße in jede Hälfte geben. Eine Schicht Spaghettikürbisfasern daraufgeben und einige Oliven und Mozzarellaersatz darüberschichten. Weitere Schichten daraufgeben, bis alle Zutaten aufgebraucht sind. Als letzte Schicht mit Hefeflocken bestreuen. Im vorgeheizten Backofen 20 Minuten überbacken, bis der Käse geschmolzen ist.

Topinambur-Suppe

Zutaten für 4 Personen:

400 g Topinambur
1/2 Zucchini
1/2 Möhre
1 Kartoffel
etwa 200 ml Sojamilch natur
150 g Tofu
Petersilie, Salz, Zitrone
Sojasoße

Zubereitung:

Topinambur waschen, putzen, schälen und geviertelt in einem Topf mit 1 Liter Wasser geben. Dazu geben Sie die in Scheiben geschnittene Möhre und Zucchini dazu. Die Kartoffel auch schälen und in kleinere Stücke schneiden als den Topinambur. Das Ganze etwa 15 min kochen und anschließend alles pürieren. Die Suppe mit Sojamilch verfeinern und mit den Gewürzen abschmecken. Den Mixerinhalt zurück in den Topf geben und mit Tofu kurz aufkochen. Mit Petersilie garnieren.

Sommerlicher Salat

Zutaten für 2 Personen:

150 g fester Tofu
2 EL helle Sojasauce
125 g gemischte Salatblätter
5 Radieschen
100 g Rettich
50 g Mungobohnensprossen
2 EL Weißweinessig
Salz und Pfeffer
1 TL Sesamöl
2 EL Rapsöl

Zubereitung:

Den Tofu trocken tupfen, in ca. 1,5 cm große Würfel schneiden. Mit der Sojasauce beträufeln. Die Salatblätter waschen, trocken schütteln und mundgerecht zerpflücken. Die Radieschen putzen, waschen und in Scheiben schneiden. Den Rettich schälen, längs vierteln und ebenfalls in dünne Scheiben schneiden. Die Sprossen abbrausen und in einem Sieb abtropfen lassen. Den Essig mit 3 EL Wasser, Salz, Pfeffer, Sesamöl und 1 EL Rapsöl verrühren. Salat mit Radieschen, Rettich und Sprossen mischen und auf Tellern anrichten.

Das Dressing darüberträufeln. Den Tofu abtropfen lassen. Das übrige Öl in einer beschichteten Pfanne erhitzen, den Tofu darin auf allen Seiten ca. 1 Minute anbraten. Tofu auf den Salat geben und mit der übrigen Marinade beträufeln.

Scharfer Krautsalat

Zutaten für 2 Personen:

250 g Spitzkohl
Salz
1 kleine Möhre
2 Frühlingszwiebeln
100 g Seidentofu
2 EL Soja-Joghurt
1 TL Wasabipaste (oder Meerrettich aus dem Glas)
1-2 EL frisch gepresster Limettensaft
Pfeffer
½ Bund Schnittlauch

Zubereitung:

Den Spitzkohl waschen, putzen und den Strunk entfernen. Den Kohl in ca. 5 mm kleine Streifen schneiden. Mit ½ TL Salz in eine Schüssel geben und ca. 5 Minuten mit den Händen kneten. Die Möhre putzen, schälen und grob raspeln. Die Frühlingszwiebeln putzen und waschen, die weißen und hellgrünen Teile in streichholzfeine Streifen schneiden. Für das Dressing Tofu, Soja-Joghurt und Wasabipaste mit dem Pürierstab aufschlagen. Mit Limettensaft, Salz und Pfeffer würzen.

Die Spitzkohlstreifen, Frühlingszwiebeln und Möhrenraspel untermischen. Schnittlauch abbrausen, trocken schütteln, in Röllchen schneiden und über den Salat streuen.

Desserts / Backwaren

Papaya-Melonensalat

Zutaten für 4 Personen:

1 reife Papaya
700 g reife Wassermelone
1 Salatgurke
2 kleine grüne Chilischoten
Saft von 1 Zitrone
Salz

Zubereitung:

Die Papaya schälen, halbieren, die Kerne herauslösen und beiseitelegen (sie werden als eine Art Pfeffer verwendet). Das Fruchtfleisch in gleichmäßige Würfel schneiden. Die Wassermelone in Scheiben schneiden, das Fruchtfleisch mit einem Messer von der Schale schneiden und die Kerne mit einem kleinen Löffel herauskratzen. Das Fruchtfleisch in Würfel schneiden. Die Gurke schälen, der Länge nach halbieren und die Kerne mit einem Löffel herauskratzen. Die Gurke in dünne Halbmonde schneiden.

Die Chilischoten der Länge nach halbieren, entkernen und quer in dünne Streifen schneiden. Die Papayakerne mit einem Pürierstab grob mixen.
Papaya, Melone, Gurke und Chilistreifen mischen. Mit Zitronensaft, Salz und den geschroteten Papayakernen abschmecken.

Beeren-Creme

Zutaten für 1 Portion:

1 gefrorene Mango
1 ½ Tassen gemischte Beeren
½ Tasse Kokosmilch
1 TL Mandelmus
1 TL Acai-Beerenpulver
Zum Garnieren: nach Belieben Beeren, Minzblätter

Zubereitung:

Zutaten in einem hohen Gefäß mit dem Pürierstab pürieren, bis Sie eine breiige Konsistenz angenommen haben. Nach Belieben mit Beeren u.Ä. garniert servieren.

Chia-Pudding

Zutaten für 2 kleine Portionen:

300 g Erdbeeren
ca. 240 ml Soja- oder Mandelmilch
3 EL Honig
5 EL Chia-Samen
1 Msp. Vanillepulver oder etwas frische Vanille
nach Belieben einige Erdbeerstückchen zur Dekoration

Zubereitung:

Erdbeeren waschen und mit dem Pürierstab pürieren. Soja- oder Mandelmilch und Honig in einer Schüssel verrühren, bis der Honig sich aufgelöst hat. Chia-Samen zugeben und zusammen mit der Vanille untermengen. Ca. 10 Minuten quellen lassen, bis die Chia-Samen aufgehen. In jedes Glas eine Schicht Chia-Pudding und pürierte Erdbeeren geben. Pudding zum Festwerden über Nacht in den Kühlschrank stellen. Nach Belieben mit Erdbeer-Fruchtstückchen garniert servieren.

Mangocremetorte

Zutaten für 8 Stück:

Für den Teig:

20 g Kokosmehl
40 g Kokosraspel
1 gehäufter EL dunkles Kakaopulver
¼ TL Backpulver
1 EL Sojamehl + 2 EL Wasser (Ersatz für 2 Eier)
Ersatz für Eischnee: 120 ml Kichererbsenwasser, 1/4 TL Xanthan oder 1/2 TL Guarkernmehl, 1/4 TL Natron
Salz
40 g Erythrit-Puder
50 g Kokosöl

Für die Creme:

40 g Kokosraspel
150 g Mango (geschält)
200 g Soja-Joghurt (3,5% Fett)
15 g Kokosmilch (ungezuckert)
1 EL Zitronensaft
1/2 TL Agar-Agar
100 g Soja Cuisine
1 TL Kokoslikör
1 gestrichener EL Kokosraspel

Himbeeren für die Deko (frisch oder TK)
Mini-Springform (Durchmesser 18-20 cm)
Tortenring

Zubereitung:

Den Backofen auf 175°C (Umluft 160°C) vorheizen. Die Form mit etwas Kokosöl einfetten. Kokosmehl, Kokosraspel, Kakao und Backpulver mischen. "Eischnee" herstellen: Kichererbsenwasser, TL Xanthan, Natron und Salz mit dem Rührgerät auf höchster Stufe 2 Minuten schlagen. Sojamehl mit Wasser verrühren und mit Erythritpuder schaumig rühren. Das Kokosöl unterschlagen. Dann mit der Kokosmischung zu einem glatten Teig verrühren. Den "Eischnee" unterheben. Den Teig in die Form geben. Im Ofen (Mitte) etwa 30 Minuten backen. Herausnehmen, nach 5 Minuten aus der Form lösen und auskühlen lassen.

Wenn der Boden ausgekühlt ist, die Kokosraspel in eine kleine Schüssel geben und gerade so mit Wasser bedecken. 10 Minuten einweichen lassen. Inzwischen die Mango schälen, das Fruchtfleisch in Stücken vom Stein schneiden.

Die Mangostücke mit Soja-Joghurt, Kokosmilch und Zitronensaft pürieren, in eine Schüssel geben. Die Soja Cuisine steif schlagen. Die eingeweichten Kokosraspel unter die Joghurtmasse rühren. Das Agar-Agarpulver in einem kleinen Topf kurz mit etwas Wasser aufkochen. Dann zügig 2 EL Mangocreme einrühren und diese Mischung sofort unter die Mangocreme rühren. Den Kuchen mit einem Tortenring umschließen. Mit Kokoslikör beträufeln und die Mangocreme gleichmäßig darauf verteilen. Die Torte für mindestens 2 Stunden abgedeckt in den Kühlschrank stellen. Den Tortenring vorsichtig entfernen. Die Torte mit Kokosraspeln und Himbeeren garnieren.

Brötchen

Zutaten für 4 Brötchen:

100 g fester Tofu
50 ml Sojamilch oder Kokosmilch
2 EL Kokosöl
1/2 TL Salz
125 g gemahlene Mandeln
25 g Sojamehl
12 g Kokosmehl
35 g gemahlene Leinsamen
1/2 TL Guarkernmehl oder Johannisbrotkernmehl
1 TL Natron
1/2 EL Essig
Sojamilch zum Bestreichen

Zubereitung:

Ofen auf 200°C vorheizen. Tofu mit Sojamilch oder Kokosmilch, Öl und Essig cremig mixen. Gemahlene Mandeln, Sojamehl, Kokosmehl, gemahlene Leinsamen, Salz, Natron und Guarkernmehl oder Johannisbrotkernmehl gut vermischen. Mit der Tofu-Milchmasse zu einem weichen Teig kneten und 4 Brötchen formen. Mit Sojamilch bestreichen und ca. 20 Minuten backen. Vor dem Aufschneiden auf einem Gitter auskühlen lassen.

Keto-Schmarrn

Zutaten:

Für den Teig:

60 g Proteinpulver Vanille
220 ml Sojamilch
40 g gemahlene Mandeln
20 g Sojamehl
20 g Kokosraspeln
5 g Kakao
1 TL Backpulver

Dazu Blaubeeren nach Geschmack

Für das Topping:

100 g Soja-Joghurt
Zimt

Zubereitung:

Alle Zutaten für den Teig mischen. Den Teig in die heiße Pfanne geben, danach die Beeren dazu. Kaiserschmarrn wie gewohnt in der Pfanne backen und gelegentlich wenden. Wenn der Kaiserschmarrn fertig ist, das kalte Topping darübergeben.

Makronen

Zutaten für etwa 25 Makronen:

Für den Makronen-Teig:

150 g Cashewkerne
150 g Kokosmehl
150 ml zuckerfreier Sirup Geschmacksrichtung Ahornsirup
3 EL feine Kokosflakes
2 TL Lucumapulver
1 Prise Salz

Zum Färben (optional):

Rote-Bete-Saft (rot)
Himbeersaft (pink)
Chlorellapulver (grün)
Blaubeeren (lila)
Acaipulver (lila)
Kakaopulver (braun)
Mangosaft (gelb)

Für die Füllung mit 300 ml Cashewsahne (gut gekühlt)

100 g Cashewkerne
200 ml Milch

Zubereitung:

Für den Makronen-Teig die Cashewkerne in die Küchenmaschine geben und zu einem feinen Mehl verarbeiten. Dann die restlichen Zutaten hinzufügen und zu einem gleichmäßigen Teig vermengen. Den Teig in drei Portionen teilen und jede Portion nach Belieben färben. Den Makronen-Teig in den Handinnenflächen zu insgesamt etwa 50 kleinen Scheiben formen, die auf einer Seite flach sind, auf der anderen Seite eine leichte Wölbung nach außen aufweisen. Auf die glatte Seite einer Makrone 1 TL Cashewsahne geben und eine zweite Makrone ebenfalls mit der flachen Seite darauflegen. Die restlichen Makronen auf dieselbe Weise füllen.

Für die Cashewsahne die Kerne einige Stunden, am besten über Nacht, in Wasser einlegen und anschließend pürieren, bis die Masse eine sahnige Konsistenz bekommt. Je nach Stärke des Mixers kann man sogar auf das Einweichen verzichten. Mit der Wassermenge variieren um die Sahne etwas dicker oder dünnflüssiger zu bekommen.

Schokoladeneis

Zutaten für etwa 800 g:

650 ml Mandelmilch
60 g Cashewkerne halbiert
100 g Erythritpuder
3 EL Kakaopulver
¼ TL Vanillepulver
2 EL Kakao-Nibs (nach Belieben)

Zubereitung:

Alle Zutaten im Mixer zu einer feinen Eismasse verarbeiten. Nach Belieben die Kakao-Nibs hinzufügen, dann die Eismasse in die Eismaschine füllen. Das Eis nach Bedienungsanleitung herstellen, bis die gewünschte Festigkeit und Kühlung erreicht ist.

Mandelkuchen

Zutaten für 1 Springform (Durchmessser 18 cm):

Für den Boden:

250 g Mandeln
100 g Datteln (entsteint und eingeweicht)
50 g Chiasamenmehl
3 EL Lucumapulver
1 TL Vanillepulver
1 Prise Kristallsalz
einige Brombeeren

Für die Füllung:

50 g Irish Moss (eingeweicht)
400 ml Mandelmilch
40 g Cashewkerne (eingeweicht)
200 g Erythritpuder
1 TL Vanillepulver
1 Prise Salz
150 ml Kakaobutter (zerlassen)

Für die Brombeer-Swirls

70 g Brombeeren
3 TL Kakaobutter (zerlassen)

2 TL Erythrit
1 TL Zitronensaft
½ TL Vanillepulver
1 Prise Kristallsalz

Zubereitung:

Für den Boden alle Zutaten mit Ausnahme der Brombeeren in einer Küchenmaschine zu einem homogenen Teig mixen. Wasser (maximal 120 ml) nach Bedarf hinzufügen. Den Boden der Springform mit Klarsichtfolie auslegen. Den Teig gleichmäßig in der Form verteilen und mit einem EL fest andrücken. Die Brombeeren darauf verteilen und den Kuchenboden in den Kühlschrank stellen, bis die Füllung zubereitet ist.

Für die Füllung das Irish Moss mit der Mandelmilch in den Hochleistungsmixer geben und etwa 2 Minuten mixen, bis eine glatte Flüssigkeit entstanden ist und keine Stücke mehr zu erkennen sind. Nun alle anderen Zutaten außer der Kakaobutter dazugeben und zu einer Creme mixen. Die Kakaobutter hinzufügen und noch einmal kurz durchmixen. Die Masse vorsichtig in die Form auf den Kuchenboden geben und glatt streichen.

Für die Brombeer-Swirls alle Zutaten im Mixer zu einer gleichmäßigen Fruchtmasse verarbeiten. Die Brombeermasse in Klecksen (etwa 2 cm) auf dem Kuchen verteilen. Dann mit einem langen Stäbchen oder einer Gabel etwa 1 cm tief in den Kuchen drücken und mit gleichmäßig kreisenden Bewegungen durch den Kuchen bewegen, bis ein schönes Muster entstanden ist.

Den Kuchen mindestens 4 Stunden (oder über Nacht) im Kühlschrank ruhen lassen.

Nusscreme

Zutaten für etwa 620 g:

260 g Cashewkerne
90 g Haselnüsse
80 g Erythritpuder
60 g Kakaobutter (zerlassen)
40 ml Mandelöl
30 g Mandelmus
30 g Kakaopulver
2 EL Carobpulver
1 TL Vanillepulver
¼ TL Sonnenblumenlezithin
1 Prise Kristallsalz

Zubereitung:

Alle Zutaten in den Hochleistungsmixer geben und zu einem feinen Aufstrich verarbeiten.

Proteinriegel

Zutaten für 3 Riegel:

30 g veganes Proteinpulver, z. B. Vanillegeschmack
20 g gehackte Mandeln
10 g Macapulver
20 g Kokosflocken
10 g Kakaonibs (kleingehackt)
80 ml Wasser
10 g Mandelmus
20 ml Leinöl

Zubereitung:

Leinöl, Macapulver, Protein, gehackte Mandeln, und Wasser in einer Schüssel vermischen und zu einem Teig kneten, Riegel formen und mit einem scharfen Messer in Form schneiden. Dann mit Schokosplittern und Kokosraspeln panieren und ca. 30 min in den Kühlschrank stellen.

Rhabarberkuchen

Zutaten für 16 Stück:

Für den Teig:

70 g Erythrit
100 g gemahlene Mandeln
100 g Kokosmehl
2 TL Joahnnisbrotkernmehl
1 Prise Salz
50 g vegane Margarine
50 g Kokosöl
2 TL Zitronenschalenabrieb

Für die Rhabarberstreifen:

5 Stangen Rhabarber
1 EL Erythrit

Für die Creme:

100 g Kokosnusscreme
350 g Seidentofu
150 g vegane Sourcream (Rezept siehe oben)
70 g Erythrit
50 g Kokosöl
2 TL Johannisbrotkernmehl

1 TL Weinsteinbackpulver
1 Vanilleschote
75 g Soja-Joghurt

Für den Guss:

3 EL Beerenpürree aus Tiefkühl-Beeren oder frischen Beeren
3 EL Wasser
1/2 TL Agar-Agar

Zubereitung:

Mürbeteig

Johannisbrotkernmehl mit Mandeln und Kokosmehl mischen.
Alle Zutaten zusammen kneten bis ein Mürbteig entsteht. Tarteform fetten und die Form mit dem Mürbteig auskleiden. Dann mit der Gabel ein paar Mal einstechen.

Die Form für mindestens 30 Minuten, besser 60 Minuten in den Kühlschrank stellen. Backofen auf 170 Grad Ober-Unterhitze (oder 150 Grad Umluft) vorheizen und den Boden für 15 Minuten backen. Der Teig soll goldbraun werden. Den Teig dann in der Form abkühlen lassen.

Den Rhabarber waschen und die Enden abschneiden. Er muss nicht geschält werden. Lange Stangen am besten halbieren. Mit dem Sparschäler Streifen abziehen. Die Steifen in eine Schüssel geben und vorsichtig mit dem EL Erythrit mischen. Abgedeckt circa 30 Minuten stehen lassen. Das macht die Rhabarber-Streifen geschmeidiger.

Für die Creme den Seidentofu im Haarsieb mit Küchenkrepp ausgelegt für circa 10 Minuten abtropfen. Die Kokosnusscreme im Wasserbad schmelzen. Ist der Rhabarber weicher geworden, die Flüssigkeit abseien und auffangen. Die Rhabarberstreifen beiseite stellen. Für die Creme alle Zutaten und den aufgefangenen Rhabarbersaft zusammenrühren. Dann die Creme in den vorgebackenen Boden geben und glatt streichen. Backofen auf 170 Grad Ober-Unterhitze vorheizen oder 150 Grad Umluft.

Die Beeren im Hochleistungsmixer zu einem Püree mixen. Agar Agar mit Wasser kurz aufkochen und das Beerenpüree zügig einrühren. Beiseite stellen.

Die Rhabarberstreifen kreisrund in die Form legen. Die Mitte kennzeichnen damit ein Kreis entsteht. Als letztes den Gelee-Guss oben aufgeben und mit dem Backpinsel verteilen.

Jetzt noch die Tarte backen. Dies dauert je nach Backofen 45 - 55 Minuten. Nach dem Backen die Tarte in der Form komplett auskühlen lassen. Herausnehmen, wenn sie komplett ausgekühlt ist. Die Tarte lässt sich am besten mit einem glatten, großen und sehr scharfem Messer schneiden.

Keto-Brot

Zutaten:

120 g gemahlene blanchierte Mandeln
20 g gemahlene Leinsamen
20 g Hanfmehl
20 g Erbsenfaser oder Kokosmehl
10 g gemahlene Flohsamenschalen
20 g Sojamehl
20 g veganes Proteinpulver
1/2 TL Kristallsalz
1/2 TL Natron
2 EL Sojamehl
4 EL Wasser
50 g Soja-Joghurt
1/2 EL Apfelessig
120 ml Wasser

Zubereitung:

Ofen auf 170°C Umluft oder 190°C Ober-Unterhitze vorheizen. Gemahlene Mandeln, Leinsamen, Hanfmehl, Erbsenfaser, Flohsamenschalen, Proteinpulver, Sojamehl Salz und Natron in einer Schüssel gut vermischen (am besten mit einem Schneebesen).

In einer anderen Schüssel Sojamehl mit Wasser, Wasser, Soja-Joghurt und Essig schaumig schlagen.

Trockene Zutaten in die schaumige Flüssigkeit rühren, gut vermischen. In eine gut gefettete 10×20 cm Kastenform füllen und auf der mittleren Schiene 30-35 Minuten backen. Auf einem Rost vollständig auskühlen lassen.

Ergibt einen flachen Laib mit ca. 22 Scheiben. Für größere Scheiben eine etwas kleinere Kastenform nehmen und eventuell die Backzeit anpassen.

Cardamom-Chia-Pudding

Zutaten für 2 Portionen:

125 ml Kokosmilch
2 EL Chia-Samen
1/2 Vanilleschote
3 grüne Kardamom-Kapseln
1 TL Erythrit
5 Tropfen Flüssig-Süßstoff
125 g Himbeeren, frisch oder gefroren
2 EL Rosenwasser
20 g gehackte Pistazien

Zubereitung:

Vanilleschote aufschlitzen, auskratzen und Mark samt ausgekratzter Schote in die Kokosmilch geben. Kardamom-Kapseln mit einem schweren Messer o. ä. aufschlagen und ebenfalls in die Kokosmilch geben. Chia-Samen (am besten gemahlen), Erythrit und 5 Tropfen Süßstoffe einrühren, fünf Minuten stehen lassen und dann noch einmal durchrühren, damit die Chia-Samen nicht klumpen. In einem verschlossenen Gefäß im Kühlschrank mindestens 12 Stunden ziehen lassen – besser sind mindestens 24 Stunden.

Vor dem Servieren Himbeeren mit Rosenwasser und auftauen oder ziehen lassen, wenn sie frisch sind.

Zum Servieren Vanilleschote und zerquetschte Kardamom-Kapseln aus dem Pudding fischen, den Pudding auf zwei Gläser verteilen und die Hälfte der gehackten Pistazien darüber verteilen. Die aufgetauten durchgezogenen Himbeeren samt Saft darüber geben, mit den restlichen Pistazien bestreuen und genießen.

Kürbiswaffeln

Zutaten:

1 TL Vanille-Extrakt
1 TL Natron
60 g Kürbispüree (ungezuckert)
2 EL Kokosmehl
1 Prise Salz
30 g veganes Proteinpulver Vanille

Zubereitung:

Alles zusammen verrühren und ab ins Waffeleisen, kurz backen und fertig. Dazu passt zuckerfreier Ahornsirup und ein Heidelbeeren.

Mango auf Kokoscreme

Zutaten (für 4 Personen):

1 reife Mango
200 g Quark (40 % Fett)
4 EL ungesüßte Kokosmilch
1 EL zuckerfreier Sirup
10 Cashewnüsse
7 Tropfen Vanillearoma oder Flavdrops Vanille

Zubereitung:

Die Mango schälen, das Fruchtfleisch rund um den Stein abschneiden und in gleichmäßige Scheiben schneiden. Auf Desserttellern anrichten. Den Quark mit der Kokosmilch und dem Sirup zu einer glatten Masse verrühren und auf dem Mangofruchtfleisch verteilen. Nun die Cashewkerne hacken, in eine Pfanne geben und mit dem Aroma unter Rühren goldbraun rösten. Über das Dessert streuen.

Energiebällchen

Zutaten für 15 Bällchen:

20 g Walnüsse
20 g Haselnüsse
20 g Kokosraspeln
1 EL Sojaflocken
1 TL Chia Samen
50 g getr. Cranberries
1 EL Mandelmus
1 EL Sesammus

Zubereitung:

Zuerst die trockenen Zutaten in einer Küchenmaschine zerkleinern. Dann Mandelmus und Sesammus hinzu und nochmals zu einer klebrigen Masse zerkleinern. Sollte die Mischung nicht klebrig genug sein noch etwas Mandelmus hinzugeben. Die Masse zu kleinen Kugeln formen und in einer Form für eine Stunde ins Gefrierfach geben oder für zwei Stunden in den Kühlschrank stellen. Danach sind sie zum Vernaschen fertig. Die Bällchen halten sich für etwa fünf Tage im Kühlschrank.

Energie Bites

Zutaten:

40 g Mandeln
2 Datteln, entkernt
1 EL Leinsamen
1 EL Sonnenblumenkerne
5 getrocknete Marillen
2 EL Kokosraspel
1/2 EL weiße Sesamsamen
1/2 TL Zimt

Zubereitung:

Zuerst die Mandeln und die Datteln im Mixer zerkleinern, dann alle anderen Zutaten zugeben. Es sollte ein klebriger, kompakter Teig entstehen. Zu einer langen Rolle formen und davon 10-15 Stücke runterschneiden. Zu einer Kugel formen und dann platt drücken.

Himbeer-Joghurt-Eis

Zutaten:

1 EL veganes Proteinpulver z.B. Vanille
90 Gramm Soja-Joghurt
60 Gramm pürierte Himbeeren

Zubereitung:

Das Proteinpulver mit dem Jogurt vermengen, die pürierten Himbeeren grob darunter ziehen und in einen Eisbehälter oder kleinen Joghurtbecher geben. Eisstäbchen rein und tiefgekühlt genießen.

Wassermelonen-Erdbeer-Eis

Zutaten:

¼ Wassermelonen
2 Erdbeeren
Zitronensaft
2 Zitronen
½ TL Flüssigsüßstoff

Zubereitung:

Alle Zutaten pürieren und vermengen und in einen Eisbehälter bzw. Joghurtbecher geben. Zum Schluss eine Zitronenscheibe aufspießen und in das Eisfach legen.

Avocado-Schoko-Küchlein

Zutaten:

1 große reife Avocado
1/2 Tasse rohes Kakaopulver
1/2 Tasse zuckerfreier Sirup
1 EL Vanille-Extrakt

Küchlein:

4 EL Kokosmehl
1/2 Tasse Sojamehl
1/3 Tasse Kakaopulver
1,5 EL Natron
1 1/3 Tasse Mandelmilch
1 EL Sojamehl
2 EL Wasser
1/2 Tasse dunklen Schokoladenstückchen
2 EL zuckerfreier Sirup
1 EL Kokosöl

Zubereitung:

Avocado entsteinen und in Mixer geben. Kakaopulver, Vanille- Extrakt & Sirup dazugeben und mixen. In den Kühlschrank stellen für min 30 Minuten.

Kokosmehl, Sojamehl, Kakaopulver & Natron vermischen und in einer anderen Schüssel Mandelmilch, Sojamehl, Wasser, Sirup & Kokosöl vermischen. Danach alles zusammenmischen mit der restlichen Mandelmilch und dann die dunklen Schokoladentropfen hinzugeben. In kleine Förmchen füllen und für 10-13 Minuten bei 180° backen. Abkühlen lassen und mit der Schokocreme bestreichen. Obendrauf ein zweites Gebäckteil und einen halbe Erdbeere mit Schokomousse als Deko oben drauf kleben.

Erdnussbutter-Proteinbomben

Zutaten:

1 EL Kakaopulver
1 EL Erdnussbutter
1 Unze getrocknete Kokosnuss
1 MEL veganes Proteinpulver Schoko
1/2 Tasse Sojaflocken fein
1 EL zuckerfreier Sirpu

Zubereitung:

Mischen Sie die Zutaten zusammen mit einem Spatel bis sich eine homogene Masse ergibt. Teilen sie die Masse in 8 Teile und rollen Sie daraus kleine Kugeln. Danach die Kugeln noch mal in extra Kokosflocken einrollen und fertig sind die Power Balls.

Fruchtsorbet

Zutaten:

1 Mango
1 Hand voll Himbeeren
¼ Wassermelone
1 Kiwi
1 EL zuckerfreier Sirup
1 EL Chia-Samen

Zubereitung:

Alle Zutaten bis auf die Chia-Samen einzeln pürieren und die Sorbet-Masse in übergroße Eiswürfelbehälter geben. Ca. 4 Stunden in das Kühlfach legen und vor dem Verzehr mit Chia-Samen verzieren.

Keto-Brot

Zutaten:

100 g gemahlene Mandeln
110 g gemahlener Leinsamen
125 g Gluten
10 g Sonnenblumenkerne
4 g Salz
11 g Trockenhefe
340 ml lauwarmes Wasser

Zubereitung:

Trockene Zutaten mischen, lauwarmes Wasser unterkneten. Aus dem Brotteig einen länglichen Laib formen und in eine mit Backpapier ausgelegte Kastenform legen. Den Teig ca. 8-10 Stunden gehen lassen. Das auf das Doppelte aufgegangene Brot im Backofen bei 160°C auf mittlerer Schiene ca. 60 Minuten backen. Nach 20 Minuten oben längs einschneiden. Nach dem Backen das Brot aus der Form nehmen und auf einem Kuchengitter auskühlen lassen.

Seitanbrötchen

Zutaten für 4 Brötchen:

200 g Seitan
50 g Sojamehl
100 g vegane Käsewürfel
5 g Backpulver
Kräuter und Gewürze: Zwiebeln, Knoblauch, Paprikapulver, Kurkuma, Salz, Pfeffer, Oregano, Chiliflocken
Wasser

Zubereitung:

Vermengen Sie alle Trockenzutaten in einer Schüssel und verrühren Sie sie kurz. Nun geben Sie kaltes Wasser dazu. Verrühren Sie es mit einer Gabel. Nehmen Sie den Teig aus der Schüssel und kneten Sie ihn auf einer sauberen und trockenen Oberfläche für ca. 2 Minuten. Zerteilen Sie den Teig in 4 gleiche Stücke und formen Sie sie zu Brötchen. Geben Sie die Brötchen auf ein Backblech, das mit Backpapier ausgelegt ist. Beachten Sie: einige Kräuter und Käsewürfel könnten aus den Brötchen herausfallen. Kneten Sie sie einfach wieder ein oder streuen Sie sie auf die fertig geformten Brötchen. Backen Sie sie im Ofen für ca. 30-40 Minuten bei 180° Celsius.

Bedenken Sie, dass sich die Brötchen etwas ausdehnen werden (wegen dem Backpulver), also lassen Sie etwas Platz dazwischen, wenn Sie sie auf dem Blech auslegen. Sie sind fertig, wenn die Kruste eine schöne braune Farbe hat.

Erdnussbutter-Toffee

Zutaten:

1/2 Tasse Kokosöl
1/2 Tasse Erdnussbutter
2 Unzen Käseersatz (Schmelzkäse)
1 Tasse Erythritpulver
2/3 Tasse geschmacksneutrales, veganes Proteinpulver
1 TL Vanilleextrakt

Zubereitung:

Bringen Sie Kokosöl und die Erdnussbutter zusammen in einem kleinen Kochtopf bei niedriger Hitze unter ständigem Umrühren zum Schmelzen. Rühren Sie den Käseersatz ein, bis er darin verschmolzen ist und es weich ist. Fügen Sie den Zuckerersatz hinzu und geben Sie dann Proteinpulver und Vanilleextrakt dazu. Vermischen Sie alles. Geben Sie es in eine kleine Back- oder Tortenform. Geben Sie die Mischung in die Pfanne und lassen Sie sie abkühlen bis sie trocken und fest ist. Bewahren Sie es im Kühlschrank auf oder frieren es ein und genießen Sie es.

Drinks / Shakes / Smoothies

Zitronengras-Eistee

Zutaten für 4 Gläser:

8 Stängel Zitronengras
Saft von 2 Zitronen
1 Bund Minze
4 EL zuckerfreier Sirup
Eiswürfel

Zubereitung:

Die Zitronengrasstängel gut waschen und grob schneiden. Mit 1 l Wasser in den Mixer geben und zerkleinern. Die Flüssigkeit mit Zitronensaft, Minze und den restlichen Zutaten vermengen und über Nacht in den Kühlschrank stellen. Am nächsten Tag den Eistee durch ein Sieb abgießen, die Minze abwaschen und wieder in den Tee geben. Den Kaltauszug mit Eiswürfeln servieren.

Vanille-Eistee

Zutaten für 4 Gläser:

2 Vanilleschoten
25 g dunkler Grüntee
6 EL Erythritpulver
Saft von 1 Zitrone
Eiswürfel

Zubereitung:

1 l Wasser mit den Vanilleschoten zum Kochen bringen, vom Herd nehmen und 5 Minuten abkühlen lassen. Dann den Grüntee zugeben, 3 Minuten ziehen lassen und anschließend abgießen. Die Vanilleschoten kurz abspülen, der Länge nach halbieren, das Mark auskratzen und in den Tee geben. Das Erythritpulver und den Saft der Zitrone dazugeben, einmal kurz pürieren und kalt stellen. Mit Eiswürfeln servieren.

Schoko-Shake

Zutaten für 4 Gläser:

50 g Kakaobutter
3 EL rohes Kakaopulver
2 EL Carobpulver
3 EL zuckerfreier Sirup
50 ml Mandelmilch
½ TL Sojalecithin
3 reife Avocados
1 Schuss Zitronensaft
300 ml Sojamilch
1 EL Lucuma
rohes Kakaopulver zum Bestäuben

Zubereitung:

Die Kakaobutter bei sehr geringer Hitze schmelzen. Kakaopulver, Carob, Sirup, Mandelmilch und Sojalecithin mit dem Pürierstab zu einer feinen dünnen Sauce verarbeiten. Die Avocados halbieren, entsteinen und mit einem Löffel das Fruchtfleisch aus der Schale lösen. Mit den restlichen Zutaten in den Mixer geben und gut aufschlagen. Wer es lieber etwas flüssiger mag, gibt noch Sojamilch dazu. Mit Kakaosauce gleichmäßig auf vier Gläser verteilen.

Über einen Löffel die Gläser mit dem Avocado-Shake auffüllen und mit dem Kakaopulver bestäuben. Nach Wunsch mit aufgespießten Avocadostücken garnieren.

Avocado-Smoothie

Zutaten für ca. 1l:

½ Avocado
1 Zitrone (geschält)
1 Handvoll Babyspinat
4 Stangen Staudensellerie
ca. ½ l Wasser

Zubereitung:

Alle Zutaten im Hochleistungsmixer zu einem cremigen Smoothie mixen.

Coffee Shake

Zutaten:

300 ml Sojamilch
20 g Chiasamen
10 g Cacao Nibs
10 g entöltes Kakaopulver, zuckerfrei
30 g veganes Proteinpulver Vanille

Zubereitung:

200 ml Sojamilch, Kakaopulver, Proteinpulver im Mixer mixen, dann die Chiasamen unterheben und 15 Minuten in den Kühlschrank stellen. 100 ml Sojamilch aufschäumen und als Topping darüber geben, Cakao Nibs oben drauf, fertig!

Bulletproof Frappuccino

Zutaten für 500 ml:

100 ml Kokoscreme
5 Eiswürfel
½ EL Kokosöl
200 ml Kaffee/Espresso
200 ml Kokosmilch
1 Spritzer Flüssigsüßstoff
1 Rippe dunkle Schokolade (> 90 % Kakao)

Zubereitung:

Alle Zutaten im Hochleistungsmixer zu einem Frappuccino mixen.

Snacks

Feurige Tomatenchips

Zutaten für 2 Bleche:

700 g Tomaten (in Scheiben)

Für die Marinade:

50 ml Olivenöl
2 TL Kristallsalz
2 TL Paprikapulver
1 ½ TL frisch gemahlener Pfeffer
¼ TL Cayennepfeffer
je 1-2 EL fein gehacktes Basilikum und Oregano

Zubereitung:

Die Zutaten für die Marinade gut miteinander verrühren. Die Tomaten in eine flache Schale geben, die Marinade gleichmäßig darüber verteilen und 2 Stunden marinieren. Danach die Tomaten auf eine Dörrfolie legen und im Dörrautomaten bei 42°C in 12-16 Stunden trocknen, bis der gewünschte Trockengrad erreicht ist. Nach etwa 6 Stunden die Dörrfolie entfernen und die Tomatenchips weiter dörren lassen.

Macadamiakugeln

Zutaten für etwa 20 Kugeln:

Für die Kugeln:

300 g Macadamianüsse (etwa 10 Stunden eingeweicht)
2 TL Joghurtferment vegan (vegane Joghurt-Starterkultur)
3 TL Zitronensaft
3 TL Edelhefe
2 TL Senf
2 Msp. frisch geriebene Muskatnuss

Zum Wälzen (nach Belieben):

Haselnüsse (gehackt)
Mandeln (gehackt)
weiße und schwarze Sesamsamen
Kräuter (z.B. Rosmarin, Dill, Petersilie, Oregano, Schnittlauch, Basilikum)
essbare Blüten

Zubereitung:

Die Macadamianüsse mit 150 ml Wasser in den Hochleistungsmixer geben und zu einer feinen Creme verarbeiten

Dann das vegane Joghurtferment einrühren. Die Masse in einen Nussmilchbeutel (oder ein Baumwolltuch)geben und gut verschnüren. Mit einem schweren Gegenstand beschweren, sodass die Flüssigkeit herausgepresst wird und abtropfen kann und 18 Stunden bei Raumtemperatur stehen lassen. Anschließend den Käseteig aus dem Nussmilchbeutel in eine Schüssel geben. Mit Zitronensaft, Edelhefe Salz und Muskat vermengen. Damit die Kugeln sich besser formen lassen, den Teig für mindestens 1 Stunde in den Kühlschrank stellen. Aus dem gekühlten Teig Kugeln mit knapp 2 cm Durchmesser formen und nach Belieben in Haselnüssen, Mandeln, Sesam, Kräutern oder essbaren Blüten wälzen. Die Kugeln im Kühlschrank lagern.

Überbackene Pilzchips

Zutaten für 1 Blech:

400 g Champignons
etwa 100 ml Nama Shoyu (unpasteurisierte Sojasauce)

Für die Sauce:

½ Tasse Cashewkerne
1 große Karotte (in Stücken)
1 Stück Ingwer (etwa 1 cm)
½ Stange Zitronengras (unterer Teil)

Für die Streusel:

1 Handvoll Haselnusssplitter

Zubereitung:

Die Champignons 1-2 Stunden in der Sojasauce marinieren. Alle Zutaten für die Sauce mit ½ Tasse Wasser in den Hochleistungsmixer geben und zu einer feinen Creme verarbeiten. Bei Bedarf noch etwas Wasser hinzufügen. Die Champignons abtropfen lassen und mit der Creme mischen. Auf einer Dörrfolie verteilen und die Haselnusssplitter über die Champignons streuen. Die Pilze im Dörrautomaten bei 42°C in 20-28 Stunden trocknen.

Nach etwa 10 Stunden die Dörrfolie entfernen und weiter trocknen, bis die gewünschte Trockenstufe erreicht ist und die Champignons schön kross sind.

Algen-Türmchen

Zutaten für 2 Portionen:

4 mittelgroße Tomaten (in Scheiben)
150 g Wakame (15-20 Minuten eingeweicht)
1 Bund Basilikum (Blätter abgezupft)
100 g Macadamiakugeln (zu größeren Kugeln geformt, gekühlt und in Scheiben geschnitten)
4 EL Olivenöl
Salz
frisch gemahlener Pfeffer

Zubereitung:

Die einzelnen Zutaten abwechselnd auf vier Servierteller schichten: Tomatenscheiben, Wakame, Basilikum, Macadamiakugel-Scheiben, Basilikum. Diese Reihenfolge beibehalten und die Türme weiter aufschichten, bis alle Zutaten aufgebraucht sind. Das Olivenöl darauf verteilen und mit Salz und Pfeffer bestreuen.

Grünkohlchips

Zutaten für etwa 3 Bleche:

3 Bund Grünkohl (in mundgerechten Stücken)
2 Dips nach Belieben

Für das Mexican Spice:

100 g Sesammus
160 ml Karottensaft
2 TL Zitronensaft
2 rote Paprikaschoten (grob gewürfelt)
2 Karotten (grob gewürfelt)
1 Knoblauchzehe
1 Stück Chilischote (etwa 3 mm)
1 EL fein gehackter Oregano
1 TL Salz
¼ TL Cayennepfeffer
½ TL Kreuzkümmel (zerstoßen)
½ TL frisch gemahlener weißer und schwarzer Pfeffer

Zubereitung:

Alle Zutaten für das Mexican Spice in eine Schüssel geben und mit einem Mixstab zu einer cremigen Sauce verarbeiten. Zwei Dips nach Wahl in zwei weitere Schüsseln geben.

Die Grünkohlstücke auf die drei Saucen verteilen und diese mit den Händen gut in das Gemüse einmassieren. Den gewürzten Grünkohl auf drei Dörrfolien verteilen und im Dörrautomaten bei 42°C in 12-16 Stunden trocknen. Nach etwa 6 Stunden die Dörrfolien entfernen und die Grünkohlchips weiter trocknen, bis der gewünschte Trockengrad erreicht ist.

Blumenkohlchips

Zutaten für 2 Bleche:

1 Kopf Blumenkohl (in Röschen geteilt)
2-3 EL fein gehackte Petersilie
6 EL Kokosöl
1 TL Erythrit
1 EL weißes Miso
9 EL Edelhefe
2 EL Mandelmehl
rosa Pfeffer
Kristallsalz
Cayennepfeffer
Chilipulver
frisch geriebene Muskatnuss

Zubereitung:

Alle Zutaten in einer großen Schüssel gut vermengen. Dann auf zwei Dörrfolien verteilen und im Dörrautomaten bei 42°C in 12-16 Stunden trocknen. Nach etwa 6 Stunden die Dörrfolien entfernen, damit die Chips besser trocknen können.

Scharfe Nüsse

Zutaten:

50 g Rapsöl
Cayennepfeffer, nach Geschmack
2 1/2 TL Salz
200 g Walnüsse
200 g Paranüsse
200 g Haselnüsse
125 g Macadamianüsse
100 g Mandeln

Zubereitung:

Das Öl mit dem Cayennpfefferpulver und dem Salz langsam erhitzen, aber nicht zu stark erwärmen. Die Nüsse dazufügen und unter Rühren mit der Öl-Gewürzmischung überziehen. Auch hier darauf achten, dass die Nüsse nicht zu heiß werden, da sie sonst leicht einen verbrannten Geruch annehmen.

BEISPIELHAFTER ERNÄHRUNGSPLAN FÜR DIE ERSTE WOCHE

In diesem beispielhaften Speiseplan finden Sie Ideen zur Mahlzeitengestaltung für die erste Woche. Alle Getränkeeinheiten gehen von 300 ml aus.

Montag

Morgens	1 Scheibe Keto-Brot 20 g Sojasprossen 30 g Sojaaufschnitt 1 Möhre 1 Tasse Tee 1 Glas Mineralwasser
Mittags	20 g Brokkoli-Tofu-Curry 2 Gläser Mineralwasser
Snack	1 Handvoll Macadamias 1 Tasse Tee
Abends	200 g Erdnuss-Gemüse Nudeln 150 g Wassermelone in Bacon eingewickelt 1 Tasse Tee 1 Glas Mineralwasser Ggfs. Nahrungsergänzungsmittel

Dienstag

Morgens	500 g Soja-Joghurt 150 g Himbeeren / Brombeeren 1 EL Kokosöl 1 Handvoll Mandeln 1 EL veganes Proteinpulver 1 EL Chiasamen 2 Tassen Tee
Mittags	200 g Konjak-Nudeln mit Tomatensoße aus frischen Tomaten, Pilzen, Basilikum 2 Gläser Mineralwasser mit Zitrone
Snack	150 ml Sojadrink Calcium 1 Handvoll Mandeln
Abends	200 g Tofu-Sticks mit Guacamole 100 g Chia-Erdbeer-Pudding 1 Tasse Tee 1 Glas Mineralwasser Ggfs. Nahrungsergänzungs-mittel

Mittwoch

Morgens	2 Scheiben Keto-Brot mit Mandelmus und Sesammus 1 Tasse Tee 1 Glas Mineralwasser
Mittags	200 g Tofu-Gemüsepfanne 2 Gläser Mineralwasser mit Zitrone
Snack	200 g Soja-Joghurt mit pürierten Himbeeren und 1 EL Kokosöl 1 Tasse Tee
Abends	Feldsalat mit gebratenen Austernpilzen in Sojasauce 2 Gläser Mineralwasser Ggfs. Nahrungsergänzungs-mittel

Donnerstag

Morgens	Proteinshake mit 200 ml Sojamilch und 200 ml Mandelmilch (ungesüßt) sowie 30 g veganem Proteinpulver und 1 EL flüssigem Kokosöl 1 Glas Mineralwasser
Mittags	Olivenpaste auf 2 Keto-Brötchen 2 Gläser Mineralwasser
Snack	1 Glas Sojamilch Calcium
Abends	200 g Blumenkohl-Auflauf 150 g Feldsalat mit Kürbiskernen, angemacht mit Rapsöl 2 Gläser Mineralwasser Ggfs. Nahrungsergänzungs-mittel

Freitag

Morgens	2 Keto-Brötchen mit Auberginen-Creme 1 Glas bulletproof Frappuccino 1 Glas Mineralwasser
Mittags	200 g Beeren-Creme mit Acai-Pulver (und 1 EL Kokosöl extra) 2 Gläser Mineralwasser
Snack	1 Glas Sojamilch Calcium 1 Glas Mineralwasser mit Zitrone
Abends	250 g Überbackene Zucchini mit Kürbiskernkreme und Tomaten 1 Tasse Tee 1 Glas Mineralwasser Ggfs. Nahrungsergänzungs-mittel

Samstag

Morgens	1 Proteinriegel Low Carb (65 g) 1 Glas Mineralwasser 1 Tasse Tee
Mittags	200 g Spinat-Tofu-Curry 100 g Konjak-Nudeln 2 Gläser Mineralwasser
Snack	1 Glas Sojamilch Calcium 1 Handvoll Paranüsse 1 Glas Mineralwasser mit Zitrone
Abends	200 g gefüllte Ofen-Acovados 1 Keto-Brötchen 1 Tasse Tee 1 Glas Mineralwasser Ggfs. Nahrungsergänzungs-mittel

Sonntag

Morgens	2 Saitanbrötchen mit Austernpilzaufstrich 1 Glas bulletproof Frappuccino 1 Glas Mineralwasser
Mittags	1 Teller dunkle Miso-Suppe 1 Scheibe Keto-Brot 1 Handvoll Mandeln 2 Gläser Mineralwasser
Snack	1 Glas Sojamilch Calcium 1 Glas Mineralwasser mit Zitrone
Abends	200 g Oliven-Petersilien-Salat 100 g Mango auf Kokos-Creme 1 Tasse Tee 1 Glas Mineralwasser Ggfs. Nahrungsergänzungs-mittel

FAZIT VEGAN KETO CHALLENGE

Eine vegane ketogene Ernährung ist umsetzbar, wenn auch nur bedingt alltagstauglich und nicht als dauerhafte Ernährungsform geeignet.

Vegane Ernährung hat sowohl Vorteile als auch Nachteile, ebenso wie eine ketogene Ernährung. Eine Kombination aus beiden stellt eine große ernährungstechnische und ernährungsmedizinische Herausforderung dar und kann nicht leichtfertig in den Alltag integriert werden. Es ist daher wichtig, dass jeder Leser sorgfältig prüft, ob diese Ernährungsform für ihn geeignet ist und in jedem Fall im Vorfeld seinen Arzt konsultiert.

Ich möchte ausdrücklich darauf hinweisen, dass eine vegane ketogene Ernährung nicht als Dauerkost zu empfehlen ist.

Empfehlenswert ist jedoch eine Low Carb Ernährung mit stark reduziertem Kohlenhydratanteil, leicht erhöhtem Proteinanteil und ebenfalls leicht erhöhtem Fettanteil. Dies bietet Veganern einen Großteil der Vorteile der ketogenen Ernährung, auch ohne sich in der Ketose zu befinden und stellt gleichzeitig bei ausreichendem Verzehr von Hülsenfrüchten, Obst und Gemüse eine adäquate Versorgung mit allen wichtigen Mikronährstoffen sicher.

ÜBER DIE AUTORIN

Karina Haufe, Jahrgang 1981, beschäftigt sich sowohl privat als auch im beruflichen Kontext mit dem Thema Ernährung in den verschiedensten Facetten. Als Heilpraktikerin und Ernährungstherapeutin arbeitet sie in eigener Praxis in München. Karina Haufe hält Vorträge, Workshops und Kochkurse zu ernährungsrelevanten Themen und engagiert sich ehrenamtlich gegen Lebensmittelverschwendung beim Verein "Foodsharing e.V." als Botschafterin für München. Als Trainerin unterrichtet sie die ganzheitlichen Bewegungskonzepte Natural Flow® Faszientraining, Vinyasa Power Yoga und Bodega moves® im Personal Training und Group Fitness.

QUELLEN UND LITERATUR-HINWEISE

DGE (2011) Vollwertig essen und trinken nach den 10 Regeln der DGE.

https://www.dge.de/presse/pm/bewaehrt-seit-55-jahren-vollwertig-essen-und-trinken-nach-den-10-regeln-der-dge/

Deutsche Gesellschaft für Ernährung et al (2015) Referenzwerte für die Nährstoffzufuhr. 2. Aufl., 1. Ausgabe. Neuer Umschau Buchverlag

Schwandt, P. (2006) Handbuch der Fettstoffwechselstörungen: Dyslipoproteinämien und Atherosklerose: Diagnostik, Therapie und Prävention. Schattauer

Baumeister, F (2004) Ketogene Diät Ernährung als Therapiestrategie. SPS Verlagsgesellschaft

Reidelbach, S (2000) Die ketogene Diät. Reha-Verlag

Westman, E. (2011) Die aktuelle Atkins Diät. 4. Auflage. Goldmann

Jarka, M. (2014) Abnehmen in Ketose. BoD

Kreutzig, T. (2006) Kurzlehrbuch Biochemie. 12. Auflage. Urban & Fischer

Schlieper, C. (2010) Grundfragen der Ernährung. 20. Auflage. Verlag Handwerk und Technik

Bruker, M. et al (2011) Zucker, Zucker krank durch Fabrikzucker. 9. Auflage. Emu Verlag

Biesalski, H. et al (2010) Ernährungsmedizin. 4. Auflage. Georg Thieme Verlag

Grube, A. (2006) Vegane Lebensstile. 2. Auflage. Ibidem

Worm, N. (1993) Vergleichsuntersuchung zur körperlichen Leistungsfähigkeit von Veganern, (Ovo-)Lacto-Vegetariern und Gemischtköstlern. Justus-Liebig-Universität Giessen

Schlatterer, C. et al (2014) Ketogene Ernährung bei Krebs. Systemmed

Herausgeber: epubli GmbH

ISBN: 978-3-7375-8494-4

13. Auflage

Druck:
Canon Deutschland Business Services GmbH
im Auftrag der KNV-Gruppe
Ferdinand-Jühlke-Str. 7
99095 Erfurt